兵庫県社会福祉の
先達から何を学ぶか

塚口伍喜夫 編著

出版企画
笹山周作
野嶋納美

大学教育出版

はじめに

この本の編集は次のような構成にした。

対談（鼎談）の登場人物ごとに〇〇編とし、編ごとに2部構成とした。

第一部「対談（鼎談）」は、すでに発刊した「社会福祉をけん引する人物」の対談（鼎談）内容を転載した。出版元である大学教育出版の許可を得たうえでの転載である。第二部「対談者（鼎談者）からのコメント」では、対談者である塚口氏は、対談者であると同時にこの対談（鼎談）をコーディネートする立場でもあったので、この対談（鼎談）を通して強く感じたことをコメントしていただいた。このコメントは読者が対談（鼎談）から何を学び取っていただくかのキッカケの一つにしていただければ、との思いである。

「社会福祉をけん引する人物」シリーズはNｏ．5まで進めてきたが、ここに登場する先達から何を学ぶかが、この出版の目的である。

社会福祉分野という非営利業界に限らず、企業分野においてもリーダー論は氾濫している。しかし、これらの論調はいろいろなリーダーから教訓を引き出し、抽象的にまとめたものが大半である。それらの論調には納得できるが、読んだ後から頭から抜けていく。抽象的にまとめられたものは実態ではないからである。だから、いざというときに中々実践に結びつかない。

このシリーズに登場する方々は、日常的に接し言葉を交わし、時には論議する身近な仲間である。身近な仲間であるが一味違う味わいを持っておられる。この一味違うところを塚口コーディネイターが巧みに引き出していく、ここがなんとも面白い。このシリーズには出版企画者である笹山周作も登場するので、コメントされる側に回らざるを得なくなったが、この企画は小生が中心になって野嶋副理事長と一緒に練った。

このシリーズ集は、多くのスタッフによって編集された。野嶋納美副理事長、社会福祉法人ささゆり会法人本部長の笹山博司、流通科学大学の辻尾朋子、社会福祉法人ささゆり会魚崎グループ事務長の丸山絵理子、社会福祉法人千種会法人本部長の森脇恵美などの諸氏である。この場を借りて感謝申し上げたい。

また、出版に当たって下さった（株）大学教育出版の佐藤守代表、懇切な助言と校正に当たっていただいた社彩香氏にも改めてお礼申し上げたい。

本書は、本年度計画している本会主催の経営セミナーで活用したいと考えている。

ＮＰＯ法人福祉サービス経営調査会理事長　笹山周作
同上副理事長　野嶋納美

兵庫県社会福祉の先達から何を学ぶか

目次

城純一編

第一部　対談（鼎談）

社会福祉法人神戸婦人同情会法人本部にて対談（2015年8月3日）
写真左から城　純一さん、城　邦子さん、塚口伍喜夫さん

城純一の生い立ち、社会福祉の道に入った動機

塚口：私は、兵庫県社会福祉協議会事務局に入職した当時、小田直蔵参与（兵庫県社協の初代事務局長）(1) から兵庫県の社会事業先覚者の話をよく聞かされていました。その一人に城ノブさんがいました。城純一さんは、ノブさんの孫にあたられます。純一さんのお父さん、一男さんは兵庫県社会福祉施設経営者協議会（以下「経営協」という）の初代理事長で、私が社会福祉部長をしていた時ですから、施設経営やその今後の方向について多くを学ばせていただいた方です。純一さんは社会福祉法人神戸婦人同情会の三代目に当たられます。純一さんが社会福祉の道に入られた動機などについてお聞かせください。

邦子：主人は絵描きになりたかったそうです。お兄さんが関西学院大学で社会福祉を勉強されていましたので、父・一男の後は、兄が継ぐものと思っていました。

塚口：なのになぜ純一さんが後を継ぐことになったのですか。

純一：兄が早く亡くなったからです。兄は関西学院大学文学部の社会事業学科で学んでいました。竹内愛二先生(2) の弟子として四年間勉強して卒業の年に交通事故で亡くなったのです。私は、中・高・大と絵を描いていました。作品は母と懇意にしていた小磯良平さん(3) に絵を見てもらっていました。その人は絵を教えないが絵を批評する人で、私の絵画については一定の評価をしてくれていました。それはそれとして、私は関西学院大学で国際関係論を学び、アメリカに留学していました。福祉とは関係ない分野を学んでいたので、その時点では福祉に進むことは考えていませんでした。

アメリカから帰国後、大阪の商社に勤めていましたが、三年後に母子寮の施設長をしていた母親が亡くなり、父親の頼みで母子寮の施設長になり福祉の仕事に就くことになりました。幼少の時から城ノブの仕事を近くで見ていましたので、直ぐに福祉の仕事に打ち込むことができました。

父親は、全国養護施設協議会の副会長や全国の種別協議会の役員をやっていました。そうしたこともあって経営協が発足した時に初代の会長になったのだと思います。

塚口：兵庫県の経営協の発足は昭和五十六年七月でした。発足時の加入施設は七十一施設ぐらいだったと思います。

純一：当時の加入率は高かったですね。現在の兵庫県は四十五パーセントぐらいで加入率が低いです。全国をみても四十パーセントぐらいです。私は兵庫県の経営協の理事を長くやっていて、今は監事ですが、全国の加入率の資料を見ると兵庫県は四十パーセント台、東京は二十パーセント、全国経営協の会長は加入率を四十パーセント以上にしたいと言っていますが、まだそこまでは到達していない状況です。父親も当時は、社会福祉法人の組織強化に努力していましたが、なかなか全国的には組織化が進まなかったようです。

二年ほど前から社会福祉法人に対する課税の問題で、全国経営協が中心となり各県の会長が地元の代議士に陳情したのですが、経営協の組織率がどのぐらいか聞いた時に四十パーセントと答えたら相手にされなかったと聞いています。

塚口：なぜ加入率が低いと思われますか。

純一：発足当初は高かったのですが、現在は法人の数が多くなり、各種別での活動が忙しいのではないでしょうか。全国老人福祉施設協議会や全国保育団体連絡会、全国児童養護施設協議会など全国組織の種別協議会に没頭していることや経営協のメリットが少ないことからではないかと考えます。

塚口：当初はお父さんの一男さんが表に出て活躍しておられました。その時は、純一さんはあまり表に出られなかったですね。それはなぜですか。

純一：芦屋市会議員をしていて、そちらが忙しかったからです。

塚口：話を元に戻しますが、福祉の道に進まれたきっかけはどのようなことですか。

純一：兄が亡くなって、母親が心臓に持病を持ちながら頑張っていました。その母親が昭和四十五年、海外旅行中に急遽入院したと連絡があって、アメリカから帰ってきた次の日に亡くなりました。兄と母親が亡くなって父親一人になりました。その時には施設が増えていたし、父親一人に全てを任せておくこともできず、自分は母親の後を継ぐという感じでこの道に入りました。社会福祉法人の事業も誰かが継がないといけない。父親一人ではできないし、父親の代で絶やすわけにはいかないと思いました。

塚口：勉強されていた国際関係論とは関連がないですね。

純一：父親も福祉に関係のない獣医師でした。カナダのトロント大学に留学後、兵庫県庁で技官をしていました。父親も自分も社会福祉の勉強をしていたわけではありません。本命は亡くなった兄・直和が日本の社会福祉学の草分けの一人であった関西学院大学社会事業学科の教授竹内愛二先生の弟子でした。兄の先輩には神戸市の最初の福祉専門職の小前千春さん(4)や関西学院大学の学長になられた武田建さん(5)も竹内先生のもとで学ぶ愛弟子であり、つながりがありました。私は、直接は国際関係論を勉強していたのですが、日常的に兄の大学の人達や家族など、福祉に携わる人と接点が多くあったと思います。

本格的に社会福祉に打ち込んだのは、日本中央競馬福祉財団が海外に研修生を派遣するという事業があり、兵庫県社会福祉協議会の岩見事務局長から「行ってみるか?」と声をかけていただき、第二回生に選考され参加した以降のことです。昭和四十六年のことですから丁度四十五年前になります。

塚口：純一さんは、社会福祉とは関係の薄いエリアにおられましたが、お話のような経過があり、結果は、社会福祉に強くかかわるようになるのですが、何しろ社会福祉法人神戸婦人同情会は城ノブさんという偉大な先覚者が創設された法人です。

お父さんは経営協の筋道をしっかり立てないといけないと、一生懸命になさっていた。経営者が近代的な社会事業をやっていくために、どのようにしないといけないのかということを常に考えておられた。

塚口：話は変わりますが、邦子さんとはいつ結婚されたのですか。

純一：今年で結婚五十一年目になります。邦子は社会福祉とは全く関係のない人でした。私の母親が亡くなってから社会福祉に関わり始めました。自分で保育士の資格を取り、介護福祉士、社会福祉士の国家資格も取得しました。大変な勉強家です。大学での専攻は英語学科でしたのにね。

昔は、現在の場所ベル青谷に施設と何の境界線もなく自宅がありました。子どもの時から児童養護施設の子どもたちと遊んでいました。戦争が激しくなったので疎開をしました。当時、婦人同情会がもっていた大池という土地（神戸市北区）に城家の山小屋があってそこに疎開しました。父親は仕事の関係で青谷に残りました。大池への疎開は自分と母親と兄と施設の子どもたちも一緒でした。生まれたときから身近に施設の子どもたちがいました。住まいは違うが遊び友達であり、身近な存在でした。疎開先の土地は、神戸栄光教会の牧師の齋藤宗治さん(6)が近くにおられ、勧められて購入した所です。

大学やアメリカ留学で勉強した事とは全然違う道に進んだのですが、やはり、城ノブのＤＮＡを引き継いでいたのですね。ある日突然、母親が亡くなった事が契機で福祉の世界に入り、そして今日に至っているという感じですね。

塚口：私は、昭和三十八年三月に神戸ＹＭＣＡのチャペルで結婚式を挙げたのですが、齋藤宗治さんに司祭を務めていただきました。何かご縁があるものですね。

さて、城ノブさんの業績をたどりながら、その伝統をどのように受け止め、今日の状況に生かしていくかに話を進めたいと思います。

【注】
(1) 兵庫県初の社会事業主事。兵庫県社協初代事務局長。
(2) 元関西学院大学教授。アメリカに留学しケースワークなどソーシャルワークを研究。赤い羽根共同募金制度の創設に尽力。
(3) 日本の昭和期に活躍した洋画家。
(4) 神戸市の最初の福祉専門職。その後、神戸市の児童相談所の所長。
(5) 関西学院大学学長。その後理事長にも就任。
(6) 神戸栄光教会の牧師。社会福祉法人恵泉寮の創業者。

城ノブ　須磨海岸にて女性の飛び込み自殺防止活動風景
（中央が城ノブ）

伝統を生かす

純一：神戸婦人同情会については、「城ノブの業績」の中で詳しく紹介されていますが、私もそれをなぞりながら意見を述べたいと思います。

婦人同情会は、女性に対する迫害が激しかった時代の大正五年に設立されました。その目的は婦人保護でした。離婚して家に帰れないといった女性や貧しい家の娘が遊郭に売られたのを助け出すなど、貧しくて虐げられた女性を助けるためにこの組織を立ち上げました。当時、須磨海岸で女性の飛び込み自殺が多かったそうです。そこに自殺防止の看板を立て、思いとどまるように訴えかけました。その看板は戦後までありました。妹尾河童の『少年H』にもそれが出てくるようです。これは世界で最初の自殺防止の看板ということでニューヨークタイムズに載ったらしいです。オランダのフリージャーナリストが施設に来た時に教えてくれました。

ノブは、東京基督教婦人矯風会にも関わっていました。矯風会は、禁酒・禁煙運動をはじめ、人身売買、婦女誘拐、廃娼問題などの社会悪とも闘い、婦人の地位向上を目指す活動をしていました。ノブが三十一歳の時に長野県出身の伊藤智二郎と結婚しました。伊藤智二郎は、無政府主義者であったため弾圧を受けてシンガポールに逃げました。結婚生活は僅か八か月でした。その時身ごもった子どもが城一男、私の父親です。生まれた子どもは、伊藤智二郎のお兄さんの子どもとして届け出をし、その後ノブが養子にしたという形になっています。そのような複雑ないきさつがあって、晩年父親は神戸ではなく長野で生活をしました。長野に移り住んだのは、伊藤智二郎の面影を追ったのかもしれません。父親には、自分は長野県の人間という思いが常にあったと思います。九十四歳まで長生きをしました。風邪をひいても入院するような人で、人一倍健康には気をつけていました。

婦人同情会の活動は婦人保護だけでなく、児童保護にも広がっていきました。当時はそれだけ捨て子が多かったという背景があります。日本の福祉は、子どもの保護から始まりました。現在は児童虐待が問題になっていますが、昔は子どもを捨てた、貧しい時代でもあったのでしょうね。

塚口：児童福祉に携わって来られて、二十年前に特別養護老人ホームをつくられたのは、なぜですか。

純一：ノブの神戸での初めての仕事は、神戸養老院でした。寺島ノブへ（神戸で最初の「友愛養老院」を開設した）の出身が城ノブと同じ愛媛県であり、寺島ノブへが神戸につくった養老院の経営がうまくいかなくなり、静岡ホームにいたころに「助けて欲しい」と要請があり、神戸に来たということです。

ノブは経営難を救うために、小口のお金を中心に募金をお願いしたり、宣教師団を回ってお金を集めてきたりして、友愛養老院を再建しました。十年以上友愛養老院にいたそうです。その時に婦人の救済をしないといけないと気付いて、養老院を辞めました。

塚口：高齢者福祉についてノブさんは経験があったのですね。福祉新聞がノブさんの特集を組みましたが、これは非常に価値ある情報ですね。

純一：徹底的に取材されていました。神奈川や愛媛の出身学校にも行ったりされていました。取材力はすばらしいと思いました。

現在の神戸老人ホームは友愛養老院の伝統を引き継いだはずですが、キリスト教とも縁が無くなってしまったようです。名前は、神戸養老院から神戸老人ホームに変わりましたが、経営理念は全然違うものになってしまったと思います。

塚口：そのことを汲んで、純一さんが老人ホームを始められたのですか。

純一：そうですね。ノブは婦人同情会で活動をしながら「憩いの家」を運営していました。女性職員で年齢を重ねた人で生家に帰れない人、五名ぐらいで生活できるような場所です。寝泊まりや亡くなればお葬式までそこでしていました。

憩いの家

塚口：児童から高齢者へ事業を広げられたことが、どのようなつながりがあるのかわかりませんでした。そのような背景があって、特別養護老人ホーム（以下「特養」という）の事業にも乗り出したということですね。

純一：震災前から新しい事業をしないといけないという思いはありました。まず、青谷愛児園が老朽化していたので建て替えが必要だと考えていました。木造平屋建てで、老朽化していたのですが仮設園の場所がなく進んでいませんでした。

　神戸市は王子公園の下の土地に駐車場をつくる予定でした。その近くの場所は資材置き場に使うということで貸してくれませんでした。その後震災が起き、神戸市は駐車場の構想を断念しました。それで王子公園の一角を借りることができ、青谷愛児園の仮設園舎を建て、新しい園舎の建て替えを行いました。震災前は特養という考えは全くありませんでした。

塚口：純一さんになってから特養を始められたのですね。

純一：阪神淡路大震災で法人本部が半壊しました。建て替えが必要となったので、潰してしまってここに青谷保育所と特養を立てようと思いました。震災がなかったら今のようにはならなかったと思います。

塚口：さて、ここでノブさんという巨大な先覚者を祖母に戴いた純一さんは、その伝統をどのように受け止め今日の事業に生かそうと考えられているのか、改めてお聞きしたい。

純一：最初、この道に入ったときはノブの偉大さというか巨大さにはさほど関心を持っていたわけではありませんでした。しかし、社会福祉にかかわるようになって徐々にノブが果たしてきた巨大な足跡に気付くようになりました。私なりにその足跡を分析してみると次のようなことになると思います。

　第一には、信念を貫く強靭な精神力です。もともと、自分の思いは父親には反対されようと、先に困難な壁が立ちはだかっているのが分かっていようと、曲げようとしない強さがあったと思います。後半は、キリスト教の信念がそれを支えたと考えます。ノブの母親も娘のキリスト教的信念を理解し、入信したことをもってしてもノブの強い信念が理解できます。私もクリスチャンですから、ノブの強い信念を思い起こしながら困難に対処してきたと思います。

第二は、常に弱い立場の人々の側に立って活動を進めてきたと思います。虐げられた女性の保護、親に遺棄された子どもの養育、面倒を見る者がいない老人の養護などがそうです。最近は、社会福祉事業が経営の視点から論じられるようになり、まさに、「先に経営ありき」といった風潮が強くなっていますが、その風潮は、ともすれば、クライエントへの支援の質を二の次にしてしまう考えに走ってしまう危険性すら孕んでいます。社会福祉に携わる者はクライエント第一主義を貫く義務があると考えます。ノブの生きてきた道はまさにその道であったと思います。

第三には、これは今日の経営者の在り方にも通じることだと考えますが、自分の法人、施設が良ければ十分、とは考えないことです。困っている経営者には適切な援助の手を差し伸べ、経営者同士が強い連帯を保持するために力を尽くす、ということです。ノブの足跡からそんなことを学び取りました。

第四には、社会的弱者と言われる人たちが、よりよく生きられる社会への改革の視点です。慈善事業の時代から、今日の近代的社会福祉の時代にあっても、この事業の対象者は、やはり、社会的弱者と言えます。これらの人々とともに経営者は歩まなければならないのではないかと考えています。

私が、こうした考えや視点をもって社会福祉を進めることができるのもノブという大きな先覚者から学び取ることができたからだと思っています。

塚口：純一さんは飄々とされていて、普段はその威厳ある風貌から感じ取れないことをお話しいただきました。私たちのＮＰＯ法人にも、多くの伝統ある社会福祉法人を引き継いで活躍されている方が多いのですが、その伝統から何を学び取り、特に、創業者の強靭な気概は何に裏打ちされていたのかを改めて学び取り、今日に生かすことの大切さを教えていただいたと思います。

経営困難法人への援助

塚口：純一さんは、経営困難に陥った社会福祉法人を援助されて、立派に立ち直らせておられます。その一つ、社会福祉法人恵泉寮（以下「恵泉寮」という）の再建について話を進めたいと思います。

恵泉寮は、私の結婚式の司祭をしていただいた齋藤宗治先生が、神戸栄光教会の多くの信者さんの支援を得て創立されたものです。恵泉寮は、児童養護施設を運営していたのですが、神戸市の行政指導で知的障害者支援施設に転換するようにと言われ、当時の施設長であった土肥隆一さんがそれを進める段階で、児童養護施設存続を強く主張していた職員との調整が不調のまま転換に踏み切り、そのため児童養護施設存続派職員六人を解雇する結果になりました。恵泉寮が施設の転換を始めようとした段階から転換に反対する職員は、総評一般の労働組合に加入して傘下組合員の支援を受けながら、法人側と団体交渉に臨んでいました。施設の周辺には赤旗が林立し、団体交渉は異様な雰囲気に包まれていました。

法人の理事会は何の打つ手もなく、交渉は施設長の土肥さんただ一人に委ねられている状況でした。こうした状況の中で、土肥さんは疲労困憊の体で兵庫県の経営協に助けを求めてこられました。私は、そのとき兵庫県経営協の事務局長も兼務（本務は兵庫県社協の事務局長）していましたので、その救済要請を受け付けました。経営協の理事会に諮ったところ土肥さんへの支援を決定しました。同時に、全国経営協の理事長吉村靫生さん（大阪経営協理事長でもあった）にも相談した結果、恵泉寮に次の条件を提示しました。①恵泉寮の理事は全員辞職する、②新たに、兵庫県経営協から労働組合対策に精通した人物を理事として送り込む、③この段取りは土肥さんが行うというかなり難しい条件を提示されたわけですが、当時の恵泉寮の理事は労働組合攻勢に辟易していたこともあり、投げ出すように全員理事を辞任されました。代わって、兵庫県経営協から次の方々に新しい理事をお願いしました。北野隆さん（兵庫県経営協理事長）、脇忠子さん（同理事）、中辻直行さん（同理事）、福永亮碩さん（大阪府経営協理事）、それに、責任上、土肥さんが理事に残り、この体制で施設転換を進めました。

児童養護施設の職員には、新しく開設する知的障害者支援施設職員に再雇用する条件を提示したのですが、施設転換に反対していた六名の職員は再雇用の契約に同意しませんでした。結果、その六名の職員は「解雇」されたことになり、後に不当解雇されたということで理事会を提訴しました。

この裁判はかなり長期にわたりましたが、神戸地裁では不当解雇が認定され、理事会側は大阪高裁に控訴しました。大阪高裁の判決は、賠償金一億三〇〇〇万円の支払いと即刻の職場復帰命令が出されました。不当解雇の訴訟問題を抱え、しかも、裁判の状況も思わしくない情報が漏れ伝わってきているときに、誰もその法人の理事長を引き受ける状況にありませんでした。結局、そのお鉢は私に回って、その時の恵泉寮の理事長は私でした。

判決が出たときは、私は九州保健福祉大学の教授をしていましたので、十分な対応ができなかったのも事実です。恵泉寮の理事会はさらなる上告を断念し、大阪高裁の判決を受け入れました。さあ、この判決で示された状況をどう打開するかが頭の痛い問題でした。まず、賠償金の調達の問題、勝訴した元職員の職場復帰の問題など実に重い課題を背負うことになりました。恵泉寮問題においては、私は労働組合に敵対する立場をとってきましたので、職場復帰を簡単に認めるわけにはいきません。そういう事情が絡み合っていました。

恵泉寮という社会福祉法人は、もともと神戸栄光教会の信者さんをスポンサーとして齋藤宗治さんが創設された社会福祉法人です。そんなこともあって、私はまず初めに神戸ＹＭＣＡの総主事をされていた今井鎮雄先生に相談しました。今井先生は、恵泉寮の経緯は十分承知しているが、神戸栄光教会も阪神淡路大震災で倒壊し、その募金運動を展開している最中でもあり、それに加えて恵泉寮の敗訴費用の負担は難しいと言われました。しかし、そこは今井先生です。それとなく、いろいろと手をまわし、その手が純一さんに行き届いたと思っています。こういう経過を踏まえたうえでの以下の対談です。

大学２年の時に描いた尾道の油絵
（社会福祉法人恵泉寮の施設長室に飾られていた）

純一：私は絵を描くのが好きで、関学大では絵画部に所属していました。昨年、関学大絵画部一〇〇周年記念行事として美術館を借りて大々的な展覧会を行いました。大学二年生の時に広島県尾道市へ合宿に行き、その時描いた絵を齋藤宗治さんにあげました。その時の絵が、恵泉寮が経営する清心ホームという施設に飾られていました。五十五年間ぐらい大切に施設長室に飾られていたのです。児童養護施設を解体した時も絵は大事に取っておいてくれていたようです。

恵泉寮事件の全面敗訴は北野隆さんと中辻直行さんと弁護士によるところが大きかったと思います。絶対負けると分かっていたが、行け行けと煽って結果は敗訴したと思います。中辻さんは恵泉寮が所有していた空地（施設に隣接した空地で現在は駐車場としてコープこうべに貸している）にテナントビルを建てると強く主張し、理事会もこれを承認していました。

塚口：その時に金井元彦さん（元兵庫県知事、参議院議員、兵庫県社協会長）の私設秘書をしていた都健彦さん（その後、社会福祉法人恵泉寮の理事に就任していただくことになる）に聞くと、あんなところにテナントビルを建てても誰も借りないよと言われました。それをどうして潰すか。理事会では、建設が決まっていました。都さんの鑑定眼は鋭かったので、その事を私は重く受け止めました。都さんの指摘は、施設の裏の土地が法人の基本財産になっているが、これは法人としても使い勝手が悪いところなので、運用財産に切り替え、マンションを建設して売り出したほうが無難で、法人としても資金が入ることになるので、県と交渉したらどうか、との示唆を受けました。県の法人担当課と交渉した結果、恵泉寮の言い分を認めていただきました。それを前提に、大手建設会社のＯ建設と話を詰め、今日契約を交わすというその時に、県の法人担当課から、基本財産を運用財産に切り替えることは認めることはできない、との電話が私に入ってきました。今更この契約を反故にすることはできないので、最終責任は私がとる、と宣言して県からの「契約中止命令」を無視することにしました。この時は、私も首を覚悟していましたが、結果はうやむやとなり予定通りマンション建設を進めることができました。

このことで中辻さんのテナントビルを建てるという構想は潰れました。その土地は駐車場にしました。

純一：今も駐車場は残っており、駐車料金は法人の大きな収益になっています。

塚口：私が理事長をしている時に、裁判で負けて一億三〇〇〇万円の支払い命令がでたことはすでにお話した通りですが、一億三〇〇〇万円以外に裁判で負けた時点から、勝訴した六名に月給も支払わないといけませんでした。

純一：その前に、裁判が始まってしばらくしてから、三〇〇〇万円で和解しようという話がありました。その条件として全員を復帰させるというものでした。その時に、労働組合の代表であった職員の復職に中辻理事をはじめ数人の理事が反対していました。その時に和解していれば、大きな問題になっていなかったと思います。

塚口：どこかと利害問題が絡んでいたのではないかと推測します。中辻理事がテナントビルを建てることを斡旋したということで、黒いうわさがあったことは事実ですが、真偽は分かりません。理事会では徹底的に闘うという方針だったので、和解の話には乗らなかったと思います。こうした状況をどう打開するかについて今井鎮雄先生の所に何度も相談に行きました。今井先生は、現在、金銭的な支援は困難であるが、もともとは齋藤宗治先生が作られた法人だから、ということで栄光教会とのつながりが深い井上太郎（元神戸女子大学教授）さんに話してくださって、「塚口君は宮崎にいて理事長として事後処理に当たるのは無理だよ」という判断で、塚口君さえ良ければ井上太郎さんに理事長を受けてもらうよう頼んであげる、と言われお願いすることにしました。そして井上太郎さんが私に代わって理事長を引き受けてくださいました。

この時点では、純一さんはまだ理事になっておられなかったのですが、全国経営協の会長であった吉村靫生さんのご指名を受け純一さんと私で大阪へ会いに行きました。話の中で、吉村さんは、中辻さんに辞めてもらわないとダメだと言われました。吉村さんから中辻さんに忠告し意見を言ってもらっても聞く耳を持たない状況でした。六人を再雇用しないと決めている理事会の硬直性を廃しないとこの問題は解決しないと強く言われました。

純一：井上太郎先生が、神戸女子大学の教授だったのですが、少しの間でしたが、引き受けてくださいました。耳が不自由になられて辞任されました。そのあとを私が引き継ぐことになったのです。それは今井鎮雄先生の期待でもあったと思います。理事長としての最初の仕事は、大阪高裁の判決内容を組合側と交渉することでした。組合側も新しい理事長であれば柔軟に対応してくれるのではないかとの期待もあり、私との協議に応じてくれました。その結果、一億三〇〇〇万円を九〇〇〇万円にして和解しました。旧理事会ではこの問題は打開できなかったのではない

清心ホーム

かと思います。旧理事会は北野隆さんや中辻直行さん、脇忠子さんたちが徹底抗戦でしたから、この裁判は初めから負け戦であったと思いますよ。

経団連の労働問題専門の弁護士が年に一回勉強会を実施しており、ある回の案内を見ると恵泉寮事件と書いてありました。私はその勉強会に出席しました。恵泉寮裁判は、普通解雇でもないし、懲戒解雇でもないし、また整理解雇でもない最初から負け戦の裁判であったと説明されました。担当の弁護士はわかっていたと思います。結局は、私が理事長を引き受け解決したと思っています。私は、「解雇」された皆さんに、解雇時にさかのぼって給料や社会保険などを全て払いました。あと三年ぐらいで対象の人たちは定年を迎えられる、という事情も考慮しました。旧理事会の徹底抗戦は、掛け声は勇ましいが勝ち目はありませんでした。それというのも、当時の施設長Dさんが組合との抗争期間中に内部資料を全部組合に出していました。Dさんは、恵泉寮問題を塚口さんに丸投げしたまま社会党から衆議院選に出馬して代議士になられたり、代議士在職中に神戸聖隷福祉事業団の理事長に就任されたり、今は辞めて何をされているかわかりません。Dさんが児童養護施設の施設長をしていたのだから、児童養護施設をつぶさずに知的障害者施設も運営すればよかったのではないかと思います。できる土地はあったと思います。当時は、児童養護施設の利用児童は年々減少しており、神戸市から職種転換の話があった時点では、六十人定員のところ十二人の児童しか利用していない状況でした。職員は六十人定員のままの配置だったので、法人は赤字まみれで二億円以上の赤字に膨らんでいきました。その処理のために土地を売って今の処理をして清心ホームを経営していくこととなりました。今でこそ北鈴蘭台は北区の高級住宅街になっていますが、移転した当時はほとんど人が住んでいない山の中でした。この土地は、アメリカの宣教師団が別荘をつくるために持っていたところです。戦争になりアメリカに帰る時には没収される恐れがあったので、恵泉寮に寄付してくださったといういきさつがあった土地です。

塚口：これは純一さんでないと解決できなかったと思います。

純一：いろいろな経緯もあるし、思いもあります。

塚口：申し訳ないなといつも思っています。純一さんに引き継いでもらったのは、栄光教会とのつながりもあるし、Y

ＭＣＡの側面的な支援もあるし、そのあたりのバックアップがないとできなかったと思います。崩壊寸前であった一つの社会福祉法人を甦らせられました。

純一：引き受けた理由の一つは、六十年近く前に自分が描いた絵が、いまだに大切に施設長室に飾られているそのような縁です。飾られているのを見た時は、本当にびっくりしました。

塚口：このようなケースの場合、労働組合や労働問題がわからない人たちだけでは対処できません。本当にひどい状況でした。火中の栗を拾うようなことは誰もしたくないです。それを純一さんは淡々とされました。そのおかげで施設を利用している障害者の方々も助かったし、恵泉寮という社会福祉法人も生き返ったと思います。

純一：今でも年に二回団体交渉の申し出があり、それに応じています。

塚口：恵泉寮についての思いなんかあれば聞かせてください。邦子さん、ご発言ください。

邦子：恵泉寮入所者の親御さんもお年なので、早く親御さんが入れるグループホームやケアホームを近くにつくって住めるように整えて欲しいと言っていました。こうしたニーズにもこたえていく必要がありますね。

小さい頃に入所した方達は卒園出来ないので六十歳、七十歳と年を重ねられます。今は車いすの利用者や全介助が必要な利用者もおられます。だから特別養護老人ホームを早くと言っているんですけどね……。

経営者としては、このような火中の栗を拾うようなことができる人がいないと法人が救えないと感じます。これからは、このような事が多くなるかもしれません。

恵泉寮事件は労働問題であり、法人経営の問題でもあります。同じような問題が出てきた時、多くの経営者は逃げてしまうかもしれません。しかし、そこには多くの利用者や職員がいます。その人たちを救おうとしたら、火中の栗を拾わないといけないと思います。恵泉寮の場合は神戸栄光教会がスポンサーだったこともあり、栄光教会につながりがある人でないと立て直しは難しかったかもしれません。純一さんがこの関係をうまく生かしながら理事長を引き受け、法人を再生してくれたと思っています。

地域政治に関わって

塚口：四期芦屋市の市議会議員をしておられたときは、福祉の問題をどのように考えられていましたか。

純一：福祉というよりも人権問題に関わることが多かったです。差別問題に荒れ狂っていた時期であったし、部落解放同盟、八鹿高校事件、時を同じくして色々な人権問題など荒れ狂っていました。

芦屋の市役所に兵庫県から関係者が集まり、部落解放同盟の旗がいっぱい立ったことがありました。福祉問題ではなく人権問題で大変な時代でした。

邦子：私は全然気づきませんでした。

純一：同和対策特別措置法の期限切れ、延長と、ものすごく時間とお金をつぎ込んだおかげで、駅前の古い住宅などは綺麗になりました。

何回も同和問題の勉強会に参加したりして、同和問題の解決に明け暮れていました。日比谷公園で行われた解放同盟の集会にも参加した事があります。

県会議員をされていた山村幸六さんが引退して市長に立候補することになったとき、代わって私に県会議員に立候補するように言われました。市長選挙の際に松永精一郎さんと山村幸六さんから応援を頼まれましたが、松永精一郎さんに義理があったので私は松永さんの応援をしました。そのため、自民党公認ではなくなり、負けました。自民党公認だったら必ず当選していたと思います。

塚口：純一さんは自民党の公認ではありませんでしたが、兵庫県社会福祉協議会の金井会長は、当時は確か自民党の綱紀委員長ではなかったかと思いますが、自民党公認でない純一さんを、社会福祉に精通されている方だから応援しないわけにはいけないと言って応援されました。私はその時、県社協の事務局長をしており、自民党の県連から「自民党の対戦相手を応援されては困るあなたから諫めてほしい」という苦情がきましたが、金井会長は信念をもって純一さんを後押しされました。会長は自分の信念を通す人だと驚きました。

邦子：福祉だけではなく、いろんなことをされたわがままな人だと思います。

塚口：純一さんは利権なんかとは全く関係のないクリーンは人ですね。

芦屋の市会議員を四期されてなぜ辞められたのですか。

純一：震災が原因だったと思います。

邦子：県会議員になった場合は、理事長や施設長から退いてもらわないといけないと行政の担当者が言っていました。

塚口：兵庫県は、県会議員や国会議員が社会福祉法人の理事長になることは好ましくない、という考えを持ちそれを実行していました。しかし、土肥隆一さんが衆議院議員であるにもかかわらず神戸聖隷福祉事業団の理事長になることを、あっさりと認めてしまいました。兵庫県も権力には弱いのだなとつくづく思いました。

純一：そう思います。

邦子：純一さんはお酒も夜遊びもしないので、密談が必要な政治家には向いていなかったと思います。

塚口：議員を辞められて、一〇〇パーセントの力を社会福祉に向けることができるようになったということですね。

純一：そうですね。

邦子：本当に助かりました。

塚口：議員に出られているときはどうでしたか。

邦子：全然応援しなかったです。知り合いは回りましたが、表に立って応援はしませんでした。その時は、私は保育園と母子寮の会計などをやっていてとても忙しかったころです。

塚口：議員をやっていたことは、社会福祉事業にどのように役立っていますか。

純一：議員をしていたからといって特別役立ったことはないですが、法律の見方や地方自治の仕組みとか、制度、政策についてはよく理解できていると思います。そのような意味では役に立っています。

邦子：特別養護老人ホームブルーバレーを立てるときの書類もすべて純一さんが一人でやりました。その時私は園田子供の家で園長をしていて十五年ぐらいしていましたが、あっぷあっぷでした。

純一：役所に出す書類の作成は得意かもしれません。

邦子：お金も公私混同せずきっちりしているところは、いいことだと思っています。私は口が立つので、全部やっているように見えますが、一人では何もできないです。

邦子：本質的に業者からものをもらったりすることは嫌いでした。送られてきたのを郵便で送り返したことも何度もありました。それを一回したら誰も送って来なくなりました。民間人になった方が気は楽です。

塚口：二人の関係を見ていると、夫唱婦随でとても良い関係だと思います。婦唱夫随かな。時々立場が変わりながらそれがとてもいいと思いますね。

地域ボランティアとしても活躍

塚口：純一さんが地域でボランティア活動をされていることは知りませんでした。

邦子：芦屋霊園協力会の会長として、毎月お参りに行っています。御下がりのりんごをもらって来るのですが、欠かさず行っています。

純一：ボランティアで一番古いのはＹＭＣＡです。青少年活動は長く関わっております。日本ＹＭＣＡ同盟青少年奉仕賞をいただき、永年勤続会員です。七十五歳の定年まで評議員をしていました。ワイズメンズクラブというＹＭＣＡに奉仕する会という成人の会があります。今井さんに誘われて入りました。それが五十年前。結婚してから入会しました。月に一回ＹＭＣＡに行って、奉仕をしたり、日本人の学生がタイにボランティアに行く資金を集めたりと活動範囲は広いですね。

塚口：普段おっしゃらないから知りませんでした。

純一：今井先生の影響が大きいのですが、スペシャルオリンピックス(1)の会長をされていた縁で、十三年前ぐらいから知的障害を持った子どもたちのスポーツ支援をしようというスペシャルオリンピックスにも関わっています。発端はアメリカ、ケネディー・シュライバーさんの子どもが重度の知的障害を持っていましたが、自分の家の庭でバスケットをしていたことを大々的にしようということで、広まったのです。オリンピックから名前を使っても良いと許可がありこの名前になりました。オリンピックではないからスペシャルがつきました。日本に入ってきたのは二十年前です。熊本ＹＭＣＡ会員の中村克子さんがアメリカへ行って、スペシャルオリンピックスに感銘を受け、

スペシャルオリンピックス　水泳競技会

スペシャルオリンピックス　サッカーの練習風景

学んで日本に持ち帰って来られました。当時熊本の知事の細川護熙さんの奥さんの佳代子さんが、日本でも広めましょうと言って日本の会長になられました。この立ち上げなどを支えたのがＹＭＣＡです。何年か経って神戸でも取り組むことになり、できたのが十五年前であり、県内の各市に広がって十三年前に芦屋市にもできました。内容は、ボランティアコーチを集めること、お金を集めること、広報活動することなどです。芦屋市でやっている種目は水泳・サッカー・テニスで、サッカーがあるのは兵庫県で芦屋市だけです。芦屋のサッカー協会の会長から応援してもらっています。他の市では、陸上競技や卓球などを行っているところもあります。年に一度競技大会を開催しています。その運営はボランティアが行っています。障害のある子どもたちに、学校では教えてくれないスポーツを体験させることはとても意義があることです。問題は、年齢制限がないので、当初からいる子どもたちが学校を卒業して大人になっても参加しているので、新しく入りたい子どもたちが入ることができない状態です。安全に教えて、見守ることができる子どもたちの人数が限られているので悩ましい問題です。

塚口：社会福祉法人の社会貢献が言われていますが、純一さんの話を聞いていたら、社会福祉法人が別に社会貢献しなくても理事長がいろんな形で社会貢献できるなら立派なことだと思いますね。

純一：されている方は少ないでしょう。

塚口：理事長自らが社会貢献をやっておられるのはあまりないですね。

純一：お金、時間、頭、人脈を使っていますから大変です。

芦屋霊園は市営ですが、霊園協力会を立ち上げ、霊園の入口に六メートルぐらいの大きな観音様を芦屋市に寄付をしました。お地蔵様を作って、その北側に無縁仏をお祀りし、年に一回無縁仏の地蔵大祭を行っています。

私自身はクリスチャンです。そのことを知っていても、前の会長が亡くなり、困って頼みに来られました。それを引き受けました。これもお金がいりますが、一度も欠席せず月例祭も行っています。

塚口：社会福祉法人の理事長が自らいろんなボランティアに進んで関わっておられるというのは、兵庫県内でも数少ないです。こんなに複数している方はもっと少ないかもしれません。

純一：理事長が社会貢献することと、社会福祉法人が社会貢献することと同じじゃないのかなと思います。

芦屋市霊園協力会　結成50周年記念式典

邦子：それは違うと思います。老人施設連盟とかで言われているのは、施設がある地域に奉仕せよ。例えば交流事業で、施設を開放するなど、もう少し小さなことだと思います。霊園協力会は個人的なことだと思います。

塚口：地域に対する社会福祉家としての姿勢が問われているのだと思います。

誰もしないことだけど、誰かがやらないといけないことです。それをやる純一さんは立派だと思います。

純一：社会貢献活動とは多様な側面を持っていると思います。社会福祉法人の理事長も社会貢献について考えないといけないと思っているけれど、自ら地域貢献をしていません。

世間はそのような姿を見ていると思います。社会福祉法人の理事長は毎週ゴルフに行けてよろしいなと。そのように思われている理事長に世間は本当の信頼を寄せるでしょうか。

私は、芦屋観光協会の会長もしています。これも全くのボランティアです。芦屋市の市長が名誉会長で、部長が常務理事、経済課の課長が事務局長です。

邦子：市会議員を辞めて、市に顔をつっこんでいる人は一人もいません。

世間から見ると見方が変わってきます。世間の社会福祉法人に対するイメージや施設に対するイメージが変わってくると思います。

ライオンズクラブにも入っていますが、福祉の仕事をしてるとは一言も言っていません。尼崎市内のクラブから児童養護施設も支援してもらっていますが、純一さんは自己表現することが下手だと思います。

塚口：自己宣伝しないところがまたいいのではないでしょうか。

邦子：今後は、児童養護施設二つを建て替えして、尼崎に特別養後老人ホームを建てて、もう一つ保育所も運営受託する予定です。保育所の建物がぼろぼろでひどいので苦労しそうです。

他の法人が受けない所を受け、儲けや利潤を考えるのであればそのようなところに手を出しません。純一さんらしいと思います。私も微力ながら二人三脚で頑張ります。これもめぐり合わせでしょうから。

【注】

（1）スペシャルオリンピックス

一九六八年、故ケネディ大統領の妹ユニス・シュライバーは、当時スポーツを楽しむ機会が少なかった知的障害のある人たちにスポーツを通じ社会参加を応援する「スペシャルオリンピックス」を設立。

一九九四年、国内本部組織「スペシャルオリンピックス日本」が、国際本部より認証を受け熊本市で発足。スペシャルオリンピックス日本は国内におけるスペシャルオリンピックス活動の普及を目的とした活動を、都道府県ごとの地区組織ではそれぞれが独立した組織・団体として都道府県での活動を行っている。

資格取得で自己の向上を

塚口：邦子さんのことに触れたいと思いますが、私が全社協の中央福祉学院（湘南ロフォス）で、社会福祉士養成講座の講師をしていたときに邦子さんが受講されていました。これにはびっくりしました。

邦子：資格取得の勉強からは辛抱強くするということを学びました。

塚口：邦子さんはいま法人の半分の仕事は担っておられるのですか。

邦子：出過ぎたことをすると怒られていますが、純一さんは全部自分でマネジメントしています。

塚口：邦子さんはいつから社会福祉に携わるようになったのですか？

邦子：純一さんより早かったと思います。純一さんがサラリーマンだった時からです。最初は、母子寮の指導員をしていました。五十年ほど前は難しいケースの人がおられて大変でした。結婚してすぐに友達に誘われて、保育士の資格を取りに行きました。誘ってくれる人があったから、チャレンジしてみようと思ったのがきっかけです。

塚口：介護支援専門員も社会福祉士の資格も取得されて、素晴らしいと思います。

邦子：私たちの法人で社会福祉士の資格を取得したのは私が最初でした。私が取得して、お手本になろうと思ってチャレンジしました。その頃は周りの人はみんな反対しました。おばあさんがそんな勉強しに行くのと笑われました。足を引っ張られましたが、二年ぐらい勉強して取得できました。その時は周りを見る余裕がなかったかもしれません。受験モードの時は、知り合いに会っても気が付かないほどでした。

純一：一発合格なのでたいしたものです。

法人新規採用職員研修会

邦子：取るなと家中で反対されました。テキストを買ってちぎって持ち歩いて勉強しました。いくら勉強しても覚えられなくて、同じところを間違えるとまた繰り返し、勉強をするということを根気よく続けました。
塚口：前向きに頑張る姿勢が素晴らしいと思います。
邦子：職員が資格にチャレンジする道を作りたいという思いがありました。現在は、言わなくても職員が資格を取るようになりました。
塚口：園長が自ら資格に挑戦する姿は、職員にいい影響を与えたといえますね。邦子さんは様々な資格にチャレンジしておられますが、高年齢で資格にチャレンジする人は多いのですか。
邦子：この頃は多いのではないですか。福祉の世界は法律でがんじがらめで、資格社会だと思います。私は現実社会より勉強の方が容易いと思っています。
純一：私が見ていても、勉強が好きだと思います。
塚口：純一さんから見て奥さんをどのようにみておられますか。
純一：頼もしい存在です。いいコンビだと感じています。
邦子：妨害ばっかりしているから、嫌な存在かもしれません。行き帰りの車も別だし会合に行く時も別でとっても変ですよね。
塚口：独立されているということですね。
邦子：純一さんが逃げているんだと思います。おかげ様で、義理の妹も福祉に目覚めて保育園の園長をしています。社会貢献できるということに関して福祉は打ってつけだと感じているみたいです。社会の役に立っているということは、自分の人生に充実感が持てると思います。
塚口：この章では、邦子さんの資格取得に挑戦された思いや苦労をお聞きしましたが、特に、一定の年齢に達して、社会福祉全般を改めて勉強し、率先して資格取得に挑戦する姿は立派ですね。法人内の職員も邦子さんの頑張る姿を間近で見て大きな刺激を受けたと思います。職員をどう導くかについて付言すれば、近年は研修技術や方法論が発達して、そのマニュアルに従って研修すればよい、という風潮が強まっています。それも大切ですが、邦子さんのように、自らが実践し、その姿を職員がみて「自分も頑張ろう」と思ってくれれば、最上の導き方だと思います。

後に続く事業者への提言

塚口：最後に、純一さんから、あとに続く社会事業経営者に思いを告げていただきたいと思います。

純一：現在の経営者は、社会福祉事業家ではなく単なる中小企業の経営者であると思います。慈善事業協会から発達してきた社会福祉、それに携わる福祉事業家がソーシャルワーカーの立場を捨てて、いつの間にか中小企業の経営者となり、一人ひとりが利潤を追求するだけの経営者になってしまったように思います。特に昔のような、社会福祉法人の理念が飛んでしまっているように感じています。銭金《ぜにかね》の世界になってしまいました。昔は身銭を切って、自分は貧すれども他人の幸福を追求するという姿勢を持っていたと思いますが、今は、まず「自己の利益」の追求という姿に変わってきたように思います。それでは福祉事業家とは言えないのではないかと思います。

塚口：経営と言ってもがっちり枠にはめられたうえでの経営ですよね。

純一：全く自由がない。えせ経営といえます。厚生労働省が思う通りにやるだけという感じですね。

塚口：そのようなところに押し流されたら、本当の社会福祉のスピリットみたいなものはなくなってしまうと思います。

純一：どこの法人も立派な理念を掲げていますが、理念は看板だけになっており、実践できていません。これから若手をどのように育てていくかが問題だと思います。福祉以外のことも見ないといけませんね。

塚口：今、全国のお寺が経営難で立ち行かなくなるところが増えています。葬式仏教でお金をいかに取るかということばかりを考えているだけでは、民心は離れていきます。社会福祉法人も同じようなことがいえるのではないですか。そのような状況に純一さんは警鐘をならしておられると思います。

純一：社会福祉経営者もボランティアなどを行って、自ら地域に溶け込むような気概が求められていると思います。

全国経営協などが社会福祉法人の社会貢献を勧めています。神戸市の各区で協議会を作ってお互い資金を出し合い行うようにということになっています。それはおかしいのではないかと疑問に思います。もともと私たちは、慈善事業から始まっています。慈善事業とは地域の様々な問題に取り組み貢献することから始まってきました。そのためのお金は、いろんな篤志家から集めて地域に貢献していました。これが出発点です。今の社会貢献論は、社会福祉法人はたくさんの剰余金を蓄えているから、それを吐き出させるために社会貢献をやれ、と指導しているように感じます。それは、何かがおかしいと思いませんか。

塚口：社会福祉法人のトップや幹部が、自らボランティア活動もやらないで、法人の社会貢献を導くことができるのかと、つい考えてしまいます。昔は仏教も慈善事業を多く行っていました。今そのようなことを忘れてきているのではないかと思います。

社会福祉法人が経営という土俵で、営利法人と競ってもダメだと思います。社会福祉法人としての伝統、精神を失わない所に営利法人と異なるものがあります。残念ながら引き継いでいる所は少ないのかも知れません。これが少ないということは、社会福祉そのものが先人の培った思いや理念を見失い、やがて衰退していくことになるのではないかと心配しています。

純一：明治の末期に神戸報国義会の大曽根信三さんが神戸はしのき資金で療護施設を創設しました。施療費無料で医療を施す施設です。今は名前が変わってアメニティホームと言います。報国義会という名前なので、右翼に間違えられて名前を光有会に変えられました。ここは明治時代から引き継いだ理念を保持していると思います。自らの事業で得たお金を療護施設を通じて地域に還元してこられました。理事長は今でも営利事業で得た利益を法人に寄付しておられます。それは創業の流れをくんでいる奉仕の心といえます。

福祉新聞の松壽庶さんは、社会福祉法人が経営経営と言っているが、経営の感覚をもって当たれということと、経営そのものに足れりということは違うと言っておられます。そのことを今の若い経営者はわかっていないかもしれません。

お茶の稽古の様子

塚口：純一さんは、アメリカのペンシルベニア州の大学に留学されていたことや議員をされていたことも影響しているかもしれませんが、一般の人が尻込みするようなところにも、率先して踏み込んでおられます。普通の経営者の感覚とは少し違うと感じます。社会福祉法人の経営者の感覚としてそのような感覚が大事なのかもしれないですね。

純一：今の経営者は生い立ちが違うと思います。目先のことに気が行き、福祉の理念なんかは飛んでしまっているように感じます。それが飛んでしまったら、社会福祉そのものの崩壊になりかねません。

社会福祉法人だからと何もかも規制されるよりは、税金を払って規制をなくす方が良いと思います。生まれながらにずっとノブの傍にいたから、私の思想もある面では過激なのかもしれません。

塚口：社会福祉法人の経営者は、純一さんの生き方から多くの示唆を得られるのではないかと思います。

純一：神戸ＹＭＣＡのチャペルに田中忠雄さんが描かれた最後の晩餐という大きな油絵があります。それはキリストがお弟子さん十二人を呼んで最後の晩餐をするときに、キリストが一人ひとり弟子の足を洗うところです。そこで何を教えたかというと、仕えるということです。キリストは弟子たちに、自ら自分自身が僕となり困った人々に仕えるということを教えた聖書の言葉を絵にした油絵です。

そこに行くたびにその絵を見に行きます。私たちの仕事は人に仕えることが仕事だと叩き込まれました。奉仕活動とは人に仕えるということだと、自ら実践しながら職員にも話して教えています。その精神はＹＭＣＡから学びました。私の精神的バックボーンだといえます。利用者に仕えるということが体にしみこんでいます。

実は、二年前に関西学院創立一二五周年記念の年に当たり色々な行事がありましたが、関西学院高等部が一二五周年記念礼拝をするので私に礼拝の説教をしてほしいとの依頼があり、当日関西学院高等部の大講堂で九〇〇人近い高校生にこの「仕える」という主題で話をしました。ちなみに関西学院のモットーは、Mastery for Service「奉仕の練達」なので「仕える」という話をしました。

最後に私の趣味の話をします。油絵を描くのは随分長い間ずっと続けていますが、ほかには十七年ほど前から裏千家のお茶の稽古をしています。裏千家の千玄室家元の直弟子の先生の稽古場に月に二度通い続けています。男性が少ないこともあり十二年ほど前から裏千家淡交会の神戸支部連合会の副会長をしています。そのおかげで毎年一

裏千家千玄室大宗匠がご奉仕された西宮神社献茶式

月七日の各テレビ局や新聞で報道される裏千家お家元の初釜式にご招待を受け毎年出席しています。

塚口：城純一さんとの対談で、奥さんの邦子さんにもところどころで加わっていただいて、私自身多くのことに気付かされましたし、学びがありました。話している中で、純一さんには城ノブさんのＤＮＡが色濃く投影されているように感じ、胸が熱くなりました。純一さんは、飄々としておられて、自分の考えや意見を積極的に表現はされませんが、その胸には熱い熱い思いが滾っていることが分かりました。また、城邦子さんは、対談中いろいろな仕事が舞い込み中座されることが多かったのですが、純一さんとは絶好のコンビだとわかりました。お二人に感謝しながらこの対談を終わります。

創業者　城ノブ（1872～1959）

城ノブの業績

城ノブは、明治五（一八七二）年十月十八日、愛媛県温泉郡川上村の城謙三の二女として生まれた。父謙三は、シーボルト博士に師事して、西洋医学を学んだ名医で、松山藩久松侯の御典医をしていたが、また松雲と号して儒者としても知られていた。

ノブは、母千代の愛育のもとに、すくすくと成長したが、大変利発な子供で、六歳のとき、藩主の前で臆せず立派に書をかいたという。小学校時代は神童とよばれたが、当時の教科書は、外国のものを直訳のまま載せたものが多く「神は天地の造主、人は万物の霊長」というような言葉があった。ノブは、幼いながらもこの言葉に強くひかれ、その本当の意味を突きとめたいと思ったので、家から十二キロもある松山女学院（ミッション・スクール）に入学し、毎日歩いて通ったのである。十五歳の時であった（明治二十年）。

こうしてミッション・スクールで基督教精神を注ぎこまれたノブは、そのころ、松山で初めて伝道を開始した、南メゾジスト教会の宣教師O・A・デュークスから、英文学と聖書を学び、熱心に信仰を求めつづけたが、学校を卒業すると、デュークスから洗礼を受けた（明治二十三年六月一日）。これを知った父は非常に怒り、「儒者の家に生まれた者が、耶蘇教に凝るとは何たる事だ」と、激しく彼女を責め改宗を迫ったが、ノブの信仰心は些かも揺るがなかった。そして、遂に勘当の身となった彼女は、住み馴れた故郷を離れて神戸職業学校に勤めたのである。

父の怒りや母の嘆きを思うと眠れぬ夜もあり、遠く故郷をはなれた孤独の生活は、多感な乙女ごころに切ない望郷の思いを抱かせることもあったが、そんな時、ノブの求道精神をしっかり支え、奮い起こしてくれるのは聖書であった。彼女の信仰はますます深まり、伝道者になろう、という考えが強まってきた。そうして、こつこつ準備をしながら機会をねらっていたが、遂に三年後（明治二十六年）横浜の聖経女学校神学科（後の青山学院神学部）に入学し、通訳のアルバイトをしながら必死に勉強して二年後に卒業し、念願の伝道者の資格を取ったのである。二十三歳の時であった。

卒業後、弘前女学校の伝道者兼英語教員として勤めていたが、父が死んだので、五年ぶりで郷里の川上村に帰ってきた。悲嘆にくれている母を慰めいたわりながら、ノブは伝道につとめた。彼女の友だちは何れも結婚して妻となり、母となって平穏に暮らしていた。世の常の母ごころとして、千代も娘ノブにそうした幸福を願ったのだが、ノブの伝道者としての決意は堅く、母と共に生活しながら、熱心に祈り、母に神を知らせるためにあらゆる努力をつづけ、遂に母をキリストの教えの道に導き入れたのである。

その後、ノブは九州の炭坑夫や、東京、埼玉、神奈川など、各地の労働者たちに伝道を続けていたが、明治三十六（一九〇三）年に、長野県出身の伊藤智二郎と結婚した。三十一歳の時であった。

伊藤は、幸徳秋水の社会主義研究会のメンバーで、横浜で政治新聞を発行していたので、ノブもしばらく一緒に住んでいたが、秋水一派の革命的なその運動は、政府の弾圧方針の下に官憲からきびしく追及され、伊藤は日本にいられなくなり、遂に日露戦争の始まる直前、官憲の眼を逃れて海外に脱出した。

こうしてノブの結婚生活は、不幸にも僅か八か月で終わってしまったのだが、このとき既に彼女は身ごもっていたのである。この止むを得ぬ事情のために、両家了解のもとにノブは離縁となったが、彼女が長野県松本で伝道している時にその子が生まれた（城一男）。ノブは、一男を夫の長兄の籍に入れ、その子を抱えて夫の郷里である長野県高遠町に英語学校を開き、教育と伝道につとめた。

伝道に努めながらもノブは、だんだんと自分の仕事に何かあきたらないものを感じだしたのである。人類愛も単に説教や書くことによる宣教だけでは駄目だ。自分たちの足もとには、もっと切実な問題が数多く横たわっているのだ、その現実の中に身を投じてこそ――と、もっと実際に身体を使って、愛の実践運動をしようと思いはじめ、社会事業の研究をやりだした。そうして伝道師をやめた彼女は、静岡ホーム保母養成所の主任となって、保母の教育訓練に当たっていたが、神戸の中山手で養老院をやっている寺島ノブへより招きを受け、神戸養老院に転じたのである。

こうして社会事業を経験しながらノブは、矢島楫子の矯風会に協力して、関西の指導者として活躍したが、この矯風会というのは、一八七三年、アメリカで起こった婦人たちの禁酒運動がきっかけなのである。五年に亘る南北戦争の間に、青少年の暴飲のために多くの弊害が出たので、それを阻止するために婦人たちが立ち上がったわけで、一八八三年に、フランシス・ウィルラード女史がこれを組織化して矯風会となり、世界的に広がったのだ。日本にも明治十九（一八八六）年に、ミセス・メリー・クレメント・レドットが遊説員として派遣されて来て、築地木挽町の厚生館で講演をしたが、矢島楫子は、この講演を聞いてすっかり感激した。自分の結婚も酒のために破壊された事を思い、是非この禁酒運動は日本にもおこさねばならない、と決心した。そしてその年の十二月、日本橋教会で五十六人の夫人が集まり、東京基督教婦人矯風会の発会式が開かれ、矢島楫子を会頭に、世界の平和、純血、禁酒を目標に、日本人ではじめて婦人団体の社会活動が火ぶたを切ったのだ。

矯風会は禁酒や女権拡張運動だけでなく、人身売買、婦女誘拐、廃娼問題と、多くの社会悪とも敢然と戦ったので、矢島楫子や、城ノブたちは、幾度となく無頼の徒の白刃の脅威にさらされたが、神の召命に献身する彼女たちには、微塵も動ずることなく断乎としてそれに対応した。

日露戦争後に襲った不況時代に、多くの社会悲劇が続出したが、第一次世界大戦後に於ける不況時代にも同じような現象が生じたのだ。欧州大戦後の世界情勢に応じ、大正三（一九一四）年に始まった此の大戦は、欧州が主戦場だった関係で、日本は参戦国といいながら直接戦禍を被る危険もなかったばかりか、逆に東洋方面の貿易を一手に収める結果となったので、財界は未曾有の好況を示し、殊に大貿易港を控えた神戸では、大小の船成金や鉄成金が続出し、市中もその余波を受けて賑わったが、大正七年の夏、図らずも富山県の一漁村に起こった、主婦たちの米廉売運動が、僅か数日の間に全国に波及して大騒動となり、一時は無警察状態に陥り、遂に軍隊の出動によって鎮圧するに至ったが、何しろ七月初旬に一升（約一キロ半）二〇銭台だった米が、僅か五〇日ほどの間に五十八銭となり、なお昇騰の勢いを示したのであるから、暴徒の蜂起したのも無理からぬことではある。

大正四、五年の急激な不景気が原因で、農村の貧農家庭の子女は売られ、或は都会を憧れて無自覚に家出して来た若い女性は、悪辣な桂庵に欺されて人肉市場に連れ去られたり、又は、自ら堕落して不幸のどん底に落ちるなど、自殺や親子心中が絶えない暗い世相であった。

その頃は、家庭の女の地位は低く、妻の権利も、母の権利も全くなかった時代だから、封建的な家庭の複雑な問題に泣く不幸な情勢も多かった。こうした、薄倖に泣く人々の群れの中に飛びこみ、温かく導いてやるのが自分の使命だとノブは悟ったのである。彼女をこう決心させた大きな動機は、そのころ淡路に起こった一つの痛ましい社会悲劇だったのだ。

それは、淡路島の或る素封家の若妻が、複雑な家庭苦に耐えかね、愛児を抱いて海に投身自殺した事件で、各新聞に大きく報道され、やがては「須磨の仇浪」という芝居になり、ノゾキ絵から映画に、また流行歌、琵琶歌、浪花節にまで作られて、一世の婦女子の紅涙をしぼったのである。

ノブは、この現実の悲劇にひどく胸をうたれた。哀れ愛児を道づれに自ら命を絶ったこの若妻も、温かい相談相手があったなら、死の一歩前で引き止めることが出来たであろうに、と、それを思うとじっとしてはいられない気持ちだった。こうした女性の家庭悲劇をくいとめるためには、親切な相談相手と、置き場のない身を温かく受けとめる場所が必要なのだ。そうすれば又、幸せな第二の人生を踏み出すことも出来るのだ。それには、まず気がついた自分自身がこれを実行すべきではないのか、しかし、自分に果たしてそれだけの力があるのだろうか、そして又、それが自分の使命なのだろうか、ノブは、思いあぐんで悩んだ。

この苦難の多い救済事業に、一心こめて神に祈り、その助けを願わなくてはならない、と決心したノブは、大正五年二月二十五日の夜、ただ独り神戸市の裏にある摩耶山に登った。厳寒の骨を刺すような冷たい風の中を、凍てついた山径の霜柱を踏んで、暗い山の中を登って行った。彼女の頭には、神だけしかなかった。そして、渓谷の滝のそばにぴたりと端坐し、容を正し、双の目をじっと閉じて、敬虔な祈りにはいったのである。真夜中になっても熱祷は止まらない。こごえそうな寒月が樹の間からのぞいても容はくずさない。いつか昧爽の霜花がしっとりと膝をぬらしていた。

一滴の水も飲まず、一粒の物も口にせず、この真剣な祈りは三日三晩に及んだのである。「自分の一切を棄てて、世に虐げられた婦人たちのために尽くしたい。それには、どういう道を執るべきか――」と、神の教えを願ったのである。そして三日目の深更、ノブは霊感を得、神の啓示を受けたのだ。

聖霊によって不思議な力を与えられたノブは、溢れるような希望と力を抱いて下山した。そして、新しい救済事業に乗り出す決心をした彼女は、養老院に辞表を提出した。

ちょうどその頃、アメリカ・カリフォルニア州の七十三歳になる、マイランダーという農夫が、宣教師を通じてノブの計画を聞き、突然五ドルを送ってきたのである。彼女にとっては、まさしく神から与えられたものとしか思われず、泪を流して感激した。当時の邦貨に換算して十円二十六銭の金であった。ノブは、そのうち五円を今まで働いていた神戸養老院に寄付し、残りの五円二十六銭を設立資金として「神戸婦人同情会」を開設したのである。まず、神戸下山手通四丁目に小さな家を借りて、収容所兼事務所とした（大正五年三月、ノブ四十五歳の時であった）。家賃は八円だったが、他からの援助は全くなく、経営は最初から困難であった。収容人員は僅か五名だったが、当時は社会事業に対する世人の関心は薄く、殊に婦人問題に対しては興味をもつ人は極めて少なかったため、その経営は文字どおり悪戦苦闘の連続であった。しかし、ノブは「主なる神の霊がわたしに臨んだ。これは主がわたしに油を注いで、貧しい者に福音を宣べ伝えることをゆだね、わたしをつかわして心の痛める者を癒し、捕われ人に放免を告げ、縛られている者に解放を告げ……」というイザヤ書六十一章のはじめの句を、そのまま自分の精神、同情会の主旨として、ただ不幸な婦人を救うだけでなく、神の事業として、この会を通して伝道しようとする意欲に燃えた。

そして、会の目的を次のように定めた。

「家庭上、生活上、精神上より起こる苦闘に対し解決を与え、婦人の貞操と生命を保護し、少女を、恐ろしき誘惑より救い出し、片親なき子供をあずかり、又職業を紹介す」

この婦人同情会の主旨と目的が、広く社会に知れると、各地から救いを求める不幸な女性が現われ、小さな家では収容できなくなった。ノブは大きな建物の新築を目ざし、友人、知己を訪ね歩いて訴え、説得し、同情ある人にすがったが、己を棄てて不幸な婦人たちのために尽くす、熱誠こめたこの運動は、多くの人々の心を動かし、献金は次第に増えていった。

ちょうど一年目の大正六年三月二日に、神戸婦人同情会設立の許可が、兵庫県知事より下り、宮本通二丁目に一〇五坪の地所を購入して建築にかかり、翌七年七月竣工、盛大な開館式を挙行することが出来たのである（地所、工事費共に八千円であった)。このとき寮母としてノブを助けたのが植村たきであった。彼女はその後四十年間に亘って婦人同情会に献身し、あまり表面には出ず、ノブの活動の大きな支えとなった。

新しい建物が出来たところで、ノブは相変わらず多い自殺を思いとどまらす方法を考えた。白砂青松で知られる須磨一の谷海岸は、自殺の名所にもなっていたので、彼女は、この海岸の鉄道線沿いに、大きな立て札をたてた。

「一寸待て神は愛なり」と、まん中に大きく書き、右端には、「死なねばならぬ事情にある方はすぐいらして下さい。御相談に預かります」と書いて、左端に同情会の住所を記したのだ。大正八年であったが、これは日本最初の自殺防止の救命札であった。同情会の四十周年(昭和三十一年)までに扱った人は六万人。この立て札で命をとりとめた人は四千人といわれている。特にノブが誇りとすることは、この中から五人の牧師が出て、一一〇余組のクリスチャン・ホームが出来たことである。

大正九年一月二十日、内務大臣より財団法人の認可を得たが、十二年の関東大震災には、ノブは罹災者の引き揚げを神戸港まで出迎え、埠頭倉庫に事務所をつくり、各教会婦人を動員して、衣類、食糧品の配給をはじめ、こまごまと行き届いた世話をして、多くの人から感謝された。

大正十三年には、ノブは矯風会神戸支部長となり、兵庫部会長となったが、多年の経験と数多い実例に徴して、同性に対してもっと強い信念に活きる自覚を促すためにも、また純潔の上よりも、内地はもとより北海道、朝鮮、支那へと講演行脚を試みたが、彼女が長い間に講演したその回数は七、五〇〇回、聴集十数万に及ぶ有様である。

同情会の事業もますます発展し、大正十四年には現在の場所青谷町に、地所三九〇坪を買入れてライト式の新屋を建築し、母子寮と託児所愛児園を開設した(地所、工事費、設備費共に五五、六〇〇〇余円であった)。

ここに婦人救済の聖堂は完備された。そしてノブの活動はますます旺んとなり、一身を投げ出して社会悪と戦った。停車場や埠頭で迷う少女たちが、悪い車夫や桂庵にだまされて誘拐されようとするのを救い出しただけでも相当な数である。また、肉体の牢獄である私娼窟や遊郭の虐げられた女たちのために、あらゆる迫害と面しつつ解放を叫んだ。それは命がけの戦いであったが、そのため、或る時は深夜新館の窓硝子をメチャメチャに石で叩き壊されたり、或る時は救いを求めて逃げて来た抱え女を、追跡して事務所に乱入した暴漢に、ピストルをさしむけられたりした。また、或る時は、演説会の会場で、棍棒を持ち、ドスを懐中にしのばせた暴力団に、ぐるりと囲まれたが、ノブは平然として「わたしは初めから、社会のため、可哀そうな女のために、命をかけてこの仕事をやっているのだ。わたしの運動が悪いと、はっきり言い切れるんなら、わたしを殺したらいい」と、開き直った。この然たる態度に、さすがの暴漢たちもひるんでしまったというが、このようなあぶない白刃の下を、彼女は十七回もくぐって来たのだ。

愛児園の子供の家庭には、保母をつれて一軒一軒訪問をし、会の本部にも母たちを招き、ちらしずしをつくってもてなしたりした。男まさりのノブではあったが、深い信仰から滲み出る、利己の全くない愛は、虐げられた女たちを、温めてあまりあるのであった。そしてまたノブは、いくら忙しくても伝道を忘れなかった。同情会で働いている職員、母子寮のお母さんたちを部屋に集め、毎日「日々の糧」を読み、伝道家庭集会を開いた。

事業の盛大になるにつれて、宮内省からは何度も御下賜金があったが、昭和四年十一月には、新宿御苑の観菊会にノブは招待された。民間婦人では最初であった。ところが、昭和八年七月ごろから彼女はまったく耳が聞こえなくなってしまったのである。補聴器でも用を足さないので、いつも筆談用として、廃物の紙片と筆を用意して相手に書いて貰い、ノブの方は大きな声で答えた。

昭和十年は同情会創立二十周年であったが、その記念出版「二十年史」に、山室軍平は、「世に男勝りというものがありとすれば、あらゆる善き意味に於いて、それは、神戸婦人同情会の城ノブ女史のことであると思う。この基督に対する堅き信念、弱者に対する熱烈たる同情、所信を行する勇気等は、いずれも世の有髯男子をして、後に若たらしむるものがある。創立以来二十年を経て、その今日までに取扱はれたる人数は二万二千名に達し、当初からの収容人数三、〇〇〇名、受洗者二八〇名、日曜学校生徒現在数一二〇名、保育児童は日毎に二五〇名という。ただそれだけ聞いても、これが如何に偉大にして成功せる、人道的奉仕であるかを察するに余りある……」と書き、賀川豊彦は、「……女史の祈りは弱者の救いのためであった。そして女史の祈りはきかれた。誠に、神は真実なるものの祈りをきき給う。幾万の日本男子が成し得なかったことを、女史は細腕一本でなしとげた……」と述べている。

昭和十五年、ノブは藍綬褒章を受けた。しかし第二次世界大戦で、昭和二十一年六月の空襲で、三十年の血と汗と涙の結晶である会館は、一夜にして灰と化してしまったのである。紅蓮の炎の底で七十五歳のノブは、必死の指導を続けて収

両陛下の御視察（1956年10月28日）

容者の救出にあたった。幸い収容者全員無事であったが、彼女は崖から落ちて足を痛め、歩行が困難となった。しかし、再起への意志は鋼鉄のように強く、万難にひるまぬ彼女は、ただちに粗末ながら借家を手に入れて青谷寮の事業を継続する一方、尼崎市園田にあった元兵舎を借り受けて、同情会の園田寮を開設し、母子の家、子供の家、愛児園を経営、戦後の哀れな家なき母と子のために、愛の手をさしのべたのである。

この復興のさなか、昭和二十二年十一月全国社会福祉大会のためにノブが上京した時、突然、陛下からお召しをうけた。彼女は銘仙のよれよれの着物に、草履をはいて吹上御苑に参上したが、ノブのあぶなげな足どりに、皇后陛下が思わず手を差しのべられたという。両陛下からお言葉をいただいたが、ノブにはさっぱり聞こえず、付き添いの人が筆談してやっと分かり、感涙にむせんだそうである。

ノブの必死の努力と、それを支える多くの人々の献金とによって、婦人同情会は立派に復興した。そして、社会福祉行政の進展に伴って事業はますます発展拡大していった。

四十周年に当たる昭和三十一年には、両陛下が同情会を御視察になり、施設をつぶさに御覧になったが、八十五歳のノブは、紋付、袴で、杖をたよりにお出迎えをしたが、その感激はいかばかりであったことか――恐らく感涙にむせんだことであろう。

それから三年後の昭和三十四（一九五九）年十二月二十日、ノブは八十八歳で安らかに召天したのである。葬儀は二十八日、神戸栄光教会で行われ、参列者は聖堂に溢れ、葬儀委員長は河上丈太郎がつとめた。

城ノブの墓は、芦屋市立霊園にある。御影石の墓碑には「与えて思わず、受けて忘れず」と、自筆の文字が刻まれている。

【引用文献・参考文献】

神戸婦人同情会「二十年史」、清閑寺健「摩耶山麓の聖女」、小田直蔵「社会事業夜話」、高見沢潤子「二〇人の婦人たち」、基督教新報その他

城ノブについては、昭和四十六（一九七一）年、兵庫県社会福祉協議会刊行の「福祉の灯／兵庫県社会事業先覚者伝」城ノブの記載部分314～324頁から転載。

城純一編

第二部　対談者（鼎談者）からのコメント

城純一氏及び邦子氏（以下、敬称略）との対談（一部鼎談）を行ったのは、平成27年（2015年）8月3日の暑い盛りであった。その内容は第一部に再掲した通りである。ここでは、それに加えて筆者が対談者として追記したいことや、筆者なりのコメントを記してみた。

〈伝統を今日に活かす〉

純一氏が経営する社会福祉法人「神戸婦人同情会」は、同氏の祖母である城ノブさんが設立された慈善事業施設の名称である。城ノブさんの業績については、その概要を別記に掲載した通りである。

純一氏は、この「神戸婦人同情会」という古めかしい名称を大切にしている。その根底には、創設者である祖母の慈善事業（社会事業）に対する強い思いを今日においても引き継いでいこうとする姿勢の表れだと思われる。純一氏の、この思い、姿勢は多くの共感を得ているのではないかと考える。

純一氏は、かつて、兵庫県議会議員に立候補したことがあった。この時は自民党公認候補者が別に立ち、純一氏との一騎打ちとなった。当時の兵庫県社協の会長は金井元彦さんであったが、金井さんは自民党公認でない純一氏を応援し、応援演説にも立ったかと記憶する。その動機は、城ノブさんの孫であり、人格者である純一氏のような人物を県議会に送らなければならないとの強い信念があったからだと推理する。県会自民党の党紀委員であった某議員から筆者（県社協事務局長であったか）に、党外候補者の応援演説だけは止めてもらうようにとの電話があった。金井会長に伝えたが「そうかね」と言って笑っておられたのを記憶している。金井会長は自民党本部の党紀委員長もされていたことから、人物の評価は綿密で慎重であった。おそらく、純一氏の人となりを自分なりに調査し、自民党公認の某氏よりも純一氏が数段優れていると判断したものと思われる。

純一氏の人となりについては別項で改めて紹介したい。

〈言葉だけでなく背中で導く〉

邦子さんは、法人内で最初に社会福祉士の資格を取得した。筆者は全社協が設置・運営する中央福祉学院（通称「湘南ロフォス」）の講師を長年引き受けていて、ある時、城邦子さんが受講しているのに出会った。このように法人内でも率先して勉強しておられる姿は、それとなく職員にも分かるものである。邦子さんのこの姿勢こそ大切なことだと思った。（社会福祉法人の）幹部は、ともすれば、口先で職員を導こうとするが、自分の背中で職員を導くことは稀である。この模様は対談の中で語られている。

部下の指導方法はいろいろあるが、今日では「部下育成」のノウハウものが多く出版されていて、そうしたものに頼った、薄っぺらな指導方法を採っている幹部も少なくない。邦子さんは、指導するといった気持ちは無かったかもしれないが、結果としては最も素晴らしい指導をしてきたと言えよう。

〈経営困難法人への支援〉

対談中に詳しく話されているが、神戸市北区にある社会福祉法人恵泉寮の話である。対談の中で話されているように、この法人は前施設長が労働争議中にもかかわらず、その経営を放り出し衆議院候補として立候補したことに発端がある。当時の法人の理事会も無責任なもので、誰一人として法人の窮状を打開しようとする者はいなかったために、兵庫県社会福祉施設経営者協議会（通称「経営協」）は理事会に代わって労組との団体交渉に当たり再建を図ろうと苦労したが、結果は地裁で経営者側の敗訴となり大阪高裁でも同じであった。その時の法人理事長は筆者であった。大阪高裁の判決は、不当解雇されたとする6名に対して賠償金1億3千万円、加えて、判決時点から6名に対する給与支払いも命じられた。それが新聞に報じられ、筆者は母親から「九州の大学に行っていると思ったら、神戸の法人で職員を不当解雇し、1億円以上の賠償金を命じられるなど、あんたはなにをしてるんかいな」ときつく叱責されたのを思い出す。

結局、九州にいた筆者ではこの問題に対処することができないこともあり、相談に乗っていただいた今井鎮雄先生（元神戸YMCA総主事、神戸市社協理事長）の計らいで井上太郎氏（元神戸女学院大学教授）に継いでいただいた。しかし、井上氏には荷が重すぎて、間もなく純一氏にお鉢が回ってきた。結果、純一氏がこの法人の理事長を引き受けてくださった。それを引き受けてくださったのには、今井鎮雄先生の強い推挙に加えて、当時、全国社会福祉施設経営者協議会理事長であった吉村靫生氏からも強い要請があったことも事実だと思う。

推挙や要請があっても、普通はこんな難しい問題を抱えた法人の経営再建を引き受ける人はいない。純一氏は、今この法人の経営を放棄すれば、施設利用者や職員がたちまち困ることになり、経営の怠慢で多くの方を困らせることはできないとの強い信念があったからではないかと推測する。この姿勢は、祖母の城ノブさんのＤＮＡを引き継いでいるように思える。純一氏に経営を引き受けていただいたおかげで、利用者や職員に加えて筆者も重い重い肩の荷を下ろすことができた。

〈地域でボランティア活動を〉

純一氏は、社会福祉法人の理事長という肩書を外して、一市民として地域でボランティア活動に関わっている。

その代表的な一つがスペシャルオリンピックス。このオリンピックスの内容は第一部に詳しく語られているが、ここでも今井鎮雄先生とのつながりが見える。

その二つが芦屋霊園協力会の会長をしておられること。芦屋霊園は大規模な霊園で、埋葬されている方たちは宗教も宗派も多様である。純一氏は、自らはクリスチャンだが、それを超えて、地蔵大祭を行ったり、月例会を催して、実質上墓地を守り、埋葬されている御霊の安寧を保っておられる。そんなボランティア活動を何年にも亘って続けている。市民は純一氏のそんな姿をいつも目にしている。

法人の理事長自らが地域でこんな活動をしている例は他にあまり聞くことはない。

こうした経営者の姿から、読者の皆さんは何を学ばれますか。

笹山周作・勝則兄弟　編

第一部　対談（鼎談）

（写真左から）笹山勝則氏・塚口伍喜夫氏・笹山周作氏

社会福祉・介護福祉事業を目指した動機

塚口：この鼎談は平成16年11月17日に第1回目を行った。その後順次補強することになる。さて、そこで社会福祉、とりわけ、介護福祉を目指された動機をお話しください。読者が本を開いたときに、こういう人たちがこういうことを言っているのだなと知ったら関心が深まると思います。

周作：親父が亡くなって、繊維関係の仕事をしていましたが、これから将来、自分がやっている仕事が10年、20年やっていけるかということを考えました。そうすると、繊維関係の仕事は、全部中国へ行くだろうと思いました。私も中国へ行き、中国の環境に慣れて、文化や生活に慣れたら何とかなるかもしれないと思いました。しかし、日本にいて何を生業として頑張るか、すごく考えました。

塚口：それは何歳くらいの時ですか。

周作：親父が死んだのは、私が37歳の時ですから、かれこれ27、8年前ですね。仕事が忙しかったのでゴルフをしたことがなかったのです。当時は、ゴルフがブームで、銀行の人に誘われてゴルフに行きました。案の定、ブービー賞でした。ゴルフで一番になるのには、お金と暇の二つの条件が必要だと思いました。そのとき一番になったのは、ある社会福祉法人の理事長でした。私は大学を出てから15年間、親父の下でずっと一生懸命に働いて趣味や娯楽を楽しむ余裕はありませんでした。社会福祉法人理事長のゴルフプレーを見て、これなら自分も福祉に参入する余地があるのではないかと思いました。

新宮町の役場（現在は、たつの市新宮町）に行って、老人ホームをつくりたいと相談すると、兵庫県庁へ一緒に

笹山周作氏

笹山勝則氏

行ってくれました。新宮町はすでにあるためつくることはできませんでした。いろいろ探し、姫路を見つけました。その頃は40歳で、何ができるかを考えたときに、介護を必要とする人が20年先、30年先には多くなると思いました。

塚口：実業界にいて、そういうところに着眼されたことに驚きました。介護が、20年先・30年先の高齢社会になったときには絶対に必要だという見極めをされていたのですね。なぜ、そのように思われたのですか。

周作：それは私が読んだ本の影響です。細かな社会の動きは分かりませんが、人口の変化だけは正確であり、ニーズが変化していくことは感じていました。そうすると何をビジネスにするのがよいかという発想になりました。都会ではいろいろなことができますが、田舎では、税理士、医師、土木建設業など許認可を貰ったビジネスしか残っていません。そうすると、参入するときは難しいけど、その後はスムーズに事業展開ができると思いました。高齢者福祉は20～30年先にニーズが増えるのは間違いないと考え思いきりました。

塚口：もう一つ、周作さんがこの事業をやろうと思いきられた頃に、新宮町に図書館を寄付しておられますよね。それは、どういうことだったのですか。

周作：それは、親父の財産を受け継いだからです。私は、教育は人間形成において一番大事なところだと思っています。当時、龍野市には図書館がありましたが、新宮町には図書館がありませんでした。それで図書館を寄付しました。

塚口：そのような経過を見ていると、実業界におられたときから教育の問題とか高齢社会には何が必要かを考えておられたのではないかと思います。

勝則さんは、なぜ、公認会計士を目指されたのですか。その後、どのような形で社会福祉に関わられるようになったのですか。

勝則：私は大学入学当初から、大学時代に公認会計士の資格を取ろうと思っていました。親父が生前に、「数字だけは読めるようになっとけよ」とよく言っていました。親父はあまり細かいことをいう人間ではないのですが、頭がよく数字に強かったです。数字に強いだけでなく、数字を読めるようにならないと駄目だと口癖のように言っていました。同時に親父がもう一つ言っていたのが「外国語が話せるように」ということでした。親父は仕事柄生地の買い付けに行き、物の質はみられるけれど語学ができませんでした。親父の小学生時代は戦争真っ只中で、当時、英語は敵国語で話しても書いても駄目な時代だったようです。パスポートのローマ字による自分の名前が読めない、書けない状況でした。親父は貧しく小学校教育もしっかり受けていないけれど、数字は読め、仕事はしっかりやっていました。その親父が「数字が読めて語学ができるようになったら飯は食える」と言っていたこともあって、大学に入ったら数字だけは学び読めるようにしておこうと思っていました。

塚口：青春時代に数字を見る仕事、数字を活かす仕事というのに着目されたというのは驚きですね。将来の目標がはっきりしていたのですね。

私が勝則さんを知ったのは、周作さんが、キヤノングローバル研究所の「特養は3億円という剰余金を持っているではないか」という報道があった時に、論評をきちんとされたことを聞いた時です。周作さんから弟が公認会計士をやっていて大きな企業の会計指導をされているとお聞きし、個人的に興味を持ちました。お二人とも、お父さんの影響は大きいですね。

周作：親父やおふくろの影響は大きいです。それはやっぱり一緒に、息子でも甘やかされずに仕事をしてきましたから。

勝則：１９９０年代は、親父が亡くなった頃ですが、ちょうど日本の分岐点、高度経済のバブルがはじけた時で普通の人は一か八かの勝負に出なければいけない頃でした。日本ではご飯が食べられない若者、就職難民の人たちが多く出ました。経済の高度成長期は勘違いをする人たちがいます。高度成長期は起伏が激しく、その中で、成長が生まれた時代で、多くの業種の転換、企業の転換、働く人の転換が高スピードでなされた時代です。私は、数字を読む仕事に入って、「先兵隊」という海外の受皿を作る役目で、海外進出する日本企業の波に乗って押し流されてきました。兄のような二代目の人が国内だけではやがて限界がきて、コスト戦争に負けると考えた経営者たちが海外に多く出ていきました。

でも聞いていると、兄は社会福祉のことを、20年先の方向を見ていたのですね。

周作：私が海外に行かなかったのは会社にお金があったからです。お金がなかったら自転車操業で家業を続け、海外へ行かなければならなかったと思います。

塚口：若い時にお父さんの仕事を見て一緒にやってきて、急にお父さんが亡くなられた後に、その仕事を転換するのはよ

塚口伍喜夫氏

ほどの勇気と決断がいると思います。

周作：私は、パイ、すなわち、市場なり需要が大きくなるところが大事だと思っています。需要が縮むところは何をやっても駄目です。この場合の需要は、高齢者の介護事業です。その核となるのが特別養護老人ホームです。需要が大きくなっているところに入れば良いこともあるが駄目なこともあるけれども、良いことのほうが沢山ある。発展の原理が働くという考え方で参入を決意しました。

塚口：勝則さんは公認会計士として大きな企業の財務指導などをやってこられて、社会福祉に目を向けられた動機は何ですか。

勝則：私が体を悪くして引退し、ゆっくりしていた58歳の時に、兄から社会福祉の会計のことについて問われたことがきっかけです。正直なところ、私がやってきたのはグローバルな純粋な日本および米国の会計です。社会福祉の会計は、公会計と言いますが、我々の業界ではそれほど先端を走る会計領域ではなく、それは、町の会計士に任せておけば大丈夫だと思っていました。近年、安倍内閣の下、地域活性化、格差社会がもたらす貧困、災害等を支援するなど日本の社会がどんどん変わってきていることは感じ取っていました。日本の公認会計士協会も新しく公会計という組織が出来上がりました。それがついこの間です。学校法人が初めに公会計になったと思います。それまでは大福帳簿記だけで借方、貸方がありませんでした。全部、現金収支でした。もう20年前になりますが、運用は銀行任せで、ある決算期末に大きな損失を出して、大きく新聞記事になりました。

今回、夢工房の事件がありましたけれども、そのようなことがきっかけで社会福祉法人も、公会計のカテゴリーの重要な位置に入ってきました。ところが、監督官庁が新しい公益法人会計なるものをわかっていないようです。無理もありません。公益法人会計は、そういう意味では監督官庁も含めて十分に普遍化しているのかと言えば、そうでもないように感じます。

塚口：勝則さんはその立場からキヤノングローバル研究所が言っていることはおかしいのではないかと論陣を張られていました。

勝則：確かに今見れば、数字の基本がわかっていない人が書いたように思います。剰余金の概念は、あくまで損益および

辻尾朋子さん

笹山博司さん

収入・支出の差の累積であり、確かに内部留保金の一部ですが、剰余金＝余裕財産ではありません。ここは絶対に譲れないところです。今回の社会福祉法の一部改正においても剰余金の概念が余裕資産、余裕財産と表現が変わってきて最終的に社会福祉充実残額の表現に収まりました。

塚口：これについては、後程詳しく論じてもらいたいと思います。
　周作さん、方向転換されてどうですか。

周作：そうですね、方向転換して正解だったと思います。そのまま事業を継続したところは全部つぶれています。つぶれていかざるを得ない状況だったと思います。
　需要が大きくなるから多くの人へ利益が行き、人も増えます。需要が小さくなるということは、人も増えない利益も出ません。そこで過当競争をやることになり、挙句の果ては借金をしてつぶれてしまうことになります。

塚口：社会福祉法人の経営は、たくさん給料を取って利益が出たら配当を出してもいいとか、そういうことはできません。

周作：それはそうです。最初から分かっています。利益を出して配当を出してはいけない、給料をたくさんとってはいけない、分かって覚悟しました。社会福祉法人で儲けようという意識は一切ないです。その一方で、介護のノウハウを活かして、自己資金で介護サービスを提供する株式会社を作りました。そこで一定の利益が出ればよいと考えています。

〔コメント〕笹山博司
　社会福祉法人と株式会社との違いを考えないといけないと思います。補助金をもらっていますので、モノを言い続けることは、社会福祉法人では難しいかと感じます。むしろ、国から補助金を受けないことで、目指すべき介護を行いやすいのではないでしょうか。
　会計に関しては、社会福祉法人会計が複雑すぎると思います。これは、外部の人が見ても分かりにくいと思います。今だに社会福祉法人は、すごく儲かっているイメージを持っている人がいるので、勘違いする人もいると思います。

〔コメント〕辻尾朋子
　周作さんの方向転換は大胆なものだと思います。それもやはりお父様から受け継がれた経営手腕かと思います。

社会福祉法人のサービス提供と株式会社での提供の関係

塚口：社会福祉法人で金儲けをするつもりはない。それは周作さんの哲学ですね。ところが大半の経営者は社会福祉法人の中でどう儲けていくかを考えます。

周作：それは社会福祉法人の立ち上げの時に土地と資金が必要となります。その時に精一杯の力を出し切り借金からスタートを切るということがあると思います。それがだめだと思います。私は、出し切っていません。残った資金で株式会社を始めました。

塚口：個人的には周作さんが言っておられることは分かります。一般の社会福祉法人経営者は、周作さんが言っておられるようにはいかないと思います。しかし、将来、どのようにしたらよいのか大きな関心を持っていると思います。あえて自分の所得がガタンと落ちるところに方向転換されたのは勇気のいることですね。

周作：特養で介護事業経営や技術のノウハウを蓄積して、そのノウハウを株式会社で活かすことで質の高いサービスを提供することができ、上手く経営できると考えました。何も知らずに、ある日突然株式会社で有料老人ホームやグループホームをしようと思ってもできないと思います。

塚口：普通の経営者は社会福祉法人一本でいきます。ところが周作さんは社会福祉法人と合わせて営利法人の二本立てで行っておられます。これはレアケースです。その考えをお聞かせください。

周作：社会福祉法人はどこまで行っても自分のものではありません。最後は国家に帰属するものです。一生懸命毎週40時間働いても給料は安いです。最初、姫路市に行ったときに給料が高いと言って怒られました。市の公務員の課長か

最初に立ち上げた特養「サン・ライフ御立」

係長と一緒にしなさいと。多くの寄付をし、給料は安いけれども、社会福祉法人のノウハウをみんなもらえたらよいと割り切りました。それは介護保険制度が施行される前ですが、介護保険が導入されれば株式会社も介護サービスに参入できるため、そこへ自分のお金を投資して儲けたらよいではないかという考えに切り替えました。切り替えられる人間でないと駄目ですね。私には余力があったからできたのかもしれません。

塚口：現実はそうはいきません。社会福祉法人経営者の多くは、十分な資金がないところからの出発です。どのように経営を拡大していけばよいのかに苦慮しているのではないですか。

周作：そうですね。お金がなくても給料をためて株式会社をつくったらよいと思います。もし、私がいまお金がなくても私と家内が一生懸命働いて、週40時間働いてお金をつくって5年か10年してお金がたまったら株式会社をつくりますね。今回の社会福祉法の一部改正になってからは、給料の取り方が違うので難しいかもしれませんね。

塚口：勝則さんに聞きたいのですが、お兄さんが急に社会福祉・介護福祉の分野に参入するとなった時にはびっくりされませんでしたか。

勝則：驚きました。親父が亡くなって親父が残したものをベースに介護の世界に行ったのは兄貴の目の付け所だったと思います。その頃は、会計事務所も戦乱の時代でした。日本企業がどんどん海外に出て行っていました。その当時は、海外進出、業務提携による事業拡大が各社の儲けにも利益にもつながっていく、そんな時に何で介護だと、ピンときてなかったです。

塚口：今は社会福祉法人のオーナーの多くが株式会社も経営されているのでしょうか。

周作：してないです。青森県の社会福祉法人経営者との交流会でも株式会社をつくることを勧めましたが、あまり関心がないようですね。やる能力がなくてできないのかもしれません。

塚口：能力とはどのような能力ですか。

周作：経営の能力のことです。私はレアなケースのようですが、本当はもっと私のような経営スタイルの人が増えてこないと駄目だと思っています。社会福祉法人としての経営能力を高めないと良い介護や良い介護の質も目指せないし、良い法人もできていかないと思います。

株式会社「さくら姫路」の有料老人ホーム

塚口：そうすると、非営利と営利をどういう形で両立させるかですね。

周作：社会福祉法人は、社会福祉の視点を外さず、最も困難な部分に質の高いサービスを継続的に提供し、営利法人は法律にしばられない自由な介護サービスを提供します。社会福祉法人と営利法人の二つを同じ市場に出すことによって両方がシナジー効果を生み出します。どちらも社会に貢献できると思います。

塚口：営利の分野もね、対人援助が目的ですから公共性のある分野ですよ。営利法人は、非営利法人とは経営基盤が全く違います。この二つの法人の事業をどのようにかみ合わせていくかが大事なように思います。

勝則：非営利法人と営利法人は共通するところもあれば共通しないところもあります。非営利法人がしっかりと成し遂げなければならない領域を認識しておかないと過ちを犯します。例えば、地域貢献とか低所得者への支援、児童福祉、障害者福祉を含めて非営利法人が社会の礎になる部分を捉えて実行することは、非営利法人でないと無理です。大会社であれば、社会貢献やＣＳＲ（註）として取り組むこともありますが、経営状態などが影響することもあり継続的に行うことは難しいです。地域に貢献するとか地域で困っている人を救っていくというのは公益法人でないと継続的にすることはできません。

（註）ＣＳＲとは、企業の社会的責任、自主的に社会に貢献する責任のこと。

周作：介護の質は社会福祉法人であろうと株式会社であろうと同じように保持しなければなりません。そうしないと株式会社での介護サービスは生き残れません。

塚口：重要なのは、この両法人間でシナジー効果をどう発揮させるかですね。

周作：もう一つの考え方として、社会福祉法人の中に非営利的なものと営利的なものの両方をきちんと区別し、認識させて、営利な領域で開発したもの（例えば、介護ロボット、介護のＩＴ化、利用者の安全保護システム等）を非営利の社会福祉法人の組織の中に組み込ませると効率性も高まると思います。

勝則：それは分かりますが、日本の法律がまだついてきていません。

周作：非営利の社会福祉法人には厳しい規制がいろいろあります。厚生労働省（以降は厚労省という）が決めた路線を外れることは難しいですね。本当は、その中できちんとした経営ができるのかというと、できないのではないかと思うところもあります。だからその分は営利法人で対応しようというこの二本立てで行かないと経営者としては経営したことにならないのではないかと思います。社会福祉法人では、何か不祥事が出たら、例えば、新入職員が不祥事を起こしても理事長の首が飛びます。そんなの恐ろしくて誰も理事長にならないですよ。

塚口：そうなってくると、社会福祉法人の経営はどうあるべきかという議論にならないじゃないですか。社会福祉法人という非営利組織の中に営利的な概念なり経営効率を持ち込むことで、この社会福祉法人は生き残れると、大半はそうでしょう。それを目指さないと生き残れないと思います。

周作：まさにその通りです。それをしていないところが大半です。特に、社会福祉法人の経営しかやっていないところは、それを目指さないといけないですね。経営者として考える場合は、様々な選択肢を考えないといけないと思います。

塚口：周作さんは一人の経営者として面白いやり方をしておられます。ただ、多くの社会福祉法人経営者が真似できるかというと真似できないですね。

勝則：真似しろと言ったら厚労省が「ちょっと待て」と言うかもしれませんね。非営利法人の中できちんとした経営効率を追求することが大切になります。去年の夏、兄の周作から依頼されて介護関係の社会福祉法人の財務的数字を見ようと10法人並べて分析した中で、収入に対する人件費が65%を上回っている施設は赤字になっていました。これを下回っている施設はすべて黒字でした。社会福祉法人の経営効率を目指す中で、ここが一つの大きな指標ＫＰＩ（註）ではないかと思いました。ただ今日、サービスのかなりの部分がアウトソーシングされているので、本当の人件費が読めなくなっています。アウトソーシングの場合は、勘定科目が変わって人件費じゃなくなります。時代とともに、分析の見方を変えないといけなくなっています。

（註）　ＫＰＩとは、Key performance indicators のイニシャル文字を取っており、重要な経営指標、値のこと。

塚口：人件費比率が65%というのは、経営指標の大事な点ではないかというのは聞いたことがあります。もう一つは、社会福祉法人の中で営利的な事業を行うことです。これは公益事業という名の下でできるのではないですか。私の大学時代の友人が知的障害者施設と特養の両方を経営していますが、公益事業でスポーツジムを経営することにしたそうです。社会福祉法人でスポーツジムができるのかと聞いたら、介護予防の重要な要素でそれを取り入れたら県の認可が下りたようです。社会福祉法人という非営利の組織でそういうことをやることも不可能ではありません。そこで上がった利益は社会福祉事業に還元すればよいのではないでしょうか。

周作：塚口さんの話は経営のありようを示したものだと思います。他の社会福祉法人もいろんな可能性を追求してほしいですね。社会福祉法人は多くの規制で縛られていますが、もう少しアイデアを出すことを考えたらよいと思います。

勝則：話を元に戻しますが、大半の施設は赤字になっています。にもかかわらず、経営効率を考えていないことが問題だと思います。

例えば、レストランの場合、原価が30％を超えたら絶対潰れます。これは不思議です。レストランで材料の仕入れを決めるのは板前さんです。今の季節は鱧がおいしいからと淡路の鱧を高い値段で仕入れたら30％はすぐにオーバーします。料理人に任せたらいいものをつくります。しかし、それをしたらレストランは潰れます。同じように、社会福祉法人で、介護に対する理想の高い介護福祉士が介護の質ばかりを追求することになれば、職員配置の3対1が2対1または1対1ということになり、施設経営はすぐに赤字に転落してしまいます。

周作：人件費比率は全国平均で64・5％ですかね。人件費、事務費、事業費のすべてを論じないと経営指針は出てきません。

ただ、介護のサービスは機械ではできません。高い理念と高い介護技術を持った介護士がよりよいサービスを提供することで成り立ちます。したがって、社会福祉法人は介護職員の育成と処遇についてもっともっと努力をする必要があると思います。それを前提にした経営が求められます。

今回は、鼎談ということで社会福祉法人の経営という大きな課題を論じあっているのですが、コーディネイター役の塚口さんの経歴や今日までの経歴の中で培われた経営論などを披瀝して貰いたいと思います。

塚口：私はお二人と違って初めから社会福祉の道を歩んできました。高校3年の時、将来の進路についてはよく考えていませんでした。関西や東京の私学を受験し、国際的な仕事をしてみたい、などと漠然と考えていました。そんなとき、担任のK先生（国文学担当で、若くて美人で、男子学生の憧れの先生）から、あなたは清貧に甘んじても社会の恵まれない人のためになる仕事をしてはどうですかと、その当時全国に3つあった社会事業短期大学を紹介されました。そのうちの名古屋にあった中部社会事業短期大学に入学しました。授業料は安く、国公立大学より安かったと思います。

その短大を卒業する年に4年制の大学になり、3年に編入したのですが、その年の8月、兵庫県社会福祉協議会から採用試験を受けてくださいという通知をいただき、訳が分からないままに盆過ぎに試験を受けに行きました。そしたら2日後に採用通知が来て9月1日から勤めることになったのです。

社会福祉協議会（以下「社協」という）は、中央に一つ、都道府県、郡、市区町村にそれぞれ設置されていました。どんな仕事をしていたか。当時の兵庫県社協の会長は神戸新聞社長であった朝倉斯道さん。会長の強い思いで、地域の子ども会の結成・育成、地域老人会の育成、新生活運動の推進、母子家庭子女の就職支援、世帯更生資金の貸し付けなどでした。

入局3年目に、岸信介首相の肝いりで作られた「日本青年海外派遣事業」への応募を朝倉会長から勧められ、自信がない中で受験しました。英語の会話・ディクテーション、筆記、論文などの試験があり、75名が受験していました。そのうち兵庫県は3名の派遣者が決まるという厳しい試験でしたが、偶然に合格しました。派遣先は北米・カナダ、オセアニア、東南アジア、ヨーロッパでした。私は北米・カナダを希望し、御殿場の国立青年の家で約1か月の研修を受け、同年の9月から11月末までの3か月の旅行を体験しました。行きは客船で横浜からハワイ経由でサンフランシスコまでで、そこを起点に、北米・カナダの20都市を訪問し、それぞれのテーマに沿った研究視察をしました。この派遣事業のスポンサーは当時の総理府、旅行経費のほかに1日4ドルの活動費を貰いました。当時のメンバーで「4ドル会」なるものを結成し、毎年1回の会合は今でも続いています。

アメリカの社会保障は世界の先進国の中でも非常に遅れています。お金をかけない救済方法として援助技術が発達しました。その援助技術は日本にも輸出され、日本流に根付いています。貧困者救済などにお金をかけない反面、富裕者などからの寄付は毎年多額に上り、連邦政府の年間社会福祉費に近いくらいの額だと言われています。

その社協は、民間福祉推進の総括者としての役割を果たしてきています。

私は、社協最後の14年間は事務局長の任務をいただきましたが、この役割が果たせたのは、歴代の会長の背中を見て成長してきたからではないかと思っています。初代会長の朝倉斯道氏は文化人と言われる人で、文学、芸術、演劇、絵画、陶器、風物など、どんな分野にも精通しておられ、教養がその人の品格を創り出すことを自ら示しておられました。2代目会長の関外余男氏は、元内務官僚で、終戦時は埼玉県知事まで務められた方でした。「生半可な理解で物事を進めるな」が信条の方でした。3代目会長は元兵庫県知事、後には参議院議員として環境大臣までされた金井元彦氏でした。この方たちは、みな大変な読書家であり、常に先を見通して物事を判断されていました。私の仕事の流儀は、こうした方たちから学んだから身についた流儀ともいえます。

県社協を定年退職してから請われて大学で教鞭をとることになりました。宮崎県延岡市に新設された九州保健福祉大学・大学院で6年間、神戸の流通科学大学で5年間、社会福祉学を教えました。短大卒で当時の文部省の個々の審査を通り大学・大学院の教授になったのは全国で4人だと聞いております。

私は、本来の専門は地域福祉ですが、兵庫県社協の事務局長は兵庫県社会福祉施設経営者協議会の事務局長を兼職したこともあり、社会福祉法人の諸問題にも関心を持つことになり、その過程で周作さんとも昵懇の間柄になりました。社会福祉法人は、日本の社会福祉の第一線を担っている最大の組織です。このありようが日本の社会福祉の水準を決めると言っても過言ではありません。この基本的な意識は周作さんと同じです。

勝則：塚口さんには一般企業の経験はほとんどないということですか。

塚口：ありません。

勝則：昭和33年というと日本では経済成長の兆しがない時ですね。朝鮮戦争が終わって経済が落ち込んでいた時ですね。私が生まれてすぐの幼い時です。その当時のイメージからすると、社会事業と言われたら暗いイメージがあって、社会で困っている遺児や障害者を助けるというようなイメージで、高齢者は対象ではなかったです。

塚口：当時はおっしゃるように戦災孤児やGHQの影響で街には春をひさぐ女性があふれていて、悪い風紀に染まる子どもたちがたくさんいたということで、子どもの健全育成事業や母子家庭の子どもの就職差別をなくするために事業などを社協では勧めておりました。明るいイメージではないですね。

勝則さんが言われるように、私の親は社会事業の学校に行くのを反対して「お前がそんなことをしないといけないのか、そんなことをするのなら学費も生活費も送らない」と言われていました。そのような時代でした。

勝則：その当時、寄付などで戦災孤児などに手を差し伸べる人は多かったですか。

塚口：昭和22年にGHQの指導で共同募金運動が起こりました。兵庫県では24年には5000万円の目標額を突破するという成果を上げています。兵庫県の民生部予算よりも多かったと言われています。

勝則：昭和33年ごろというと、今から経済を伸ばしていこうとする時期ですね。

塚口：昭和35年池田勇人内閣ができて所得倍増計画を打ち出し、日本の景気は上向きになってきました。アメリカに行って、保護を受けている家庭が車を持っていたことには驚きました。その当時の日本は自家用車を持っている人はごく少数でしたから。アメリカとはそういう国なのかと変なところでビックリしました。

勝則：社会福祉だとヨーロッパに行かれることが多いのではないですか。アメリカを選択されたのは面白いですね。アメリカはボランティア活動がとても盛んで、うまく日本に入ってこなかったように感じます。

塚口：日本には根付かなかったといえるかもしれません。日本では子育てが終わった主婦がボランティアの中心でした。それが、阪神・淡路大震災以降、若者がボランティアに多く参加するようになりました。ボランティア元年と言われる所以です。アメリカでは市民生活のあらゆる部分にボランティアが関わっています。各都市で日本の子ども会に相当するボーイズクラブなどは、市民の寄付により立派な施設を持ち、豊富なプログラムのもとで少年の健全育成がなされています。一部専門職が関わっていますが、運営の主役は市民ボランティアです。

もう一度経営について考えよう

塚口：今まで、社会福祉法人の経営、営利法人の経営、それらの棲み分けなどについて論じ合っていただきましたが、もう少し、経営について議論をしたいと思います。非営利の社会福祉法人といえども、また、厳しい環境のもとであってもより良い経営を目指して進まなくてはならないと思います。

勝則：国策として国が補助する分には、国の財政と政府の政策に左右されてきたと思います。特養ができた当初は、社会福祉法人は土地を寄付して、施設の建設費の4分の3は国や都道府県が出してくれていました。残り4分の1を社会福祉法人が負担するというものでした。今後、超高齢社会を迎えるとき、施設建設や高齢者介護を一般財源で賄うには負担が重過ぎると考えた政府は、新しい資金調達の仕組みとして介護保険制度を創りました。そして今日に至っています。この度の社会福祉法の改正を見ると、ガバナンスの強化や経営の透明性に加え、内部留保金、すなわち、社会福祉充実残額が改正の主眼になっています。また、介護保険報酬の減額が叫ばれ、各レベルでの報酬減額が今年度より実施されました。しかし一方、社会福祉法人の経営規模や財務状況は千差万別です。経営難や経営放棄に陥る法人も出てくるのではないですか。

周作：経営困難法人は必ず出てくると思います。その時どうするか。法人の解散か合併か、あるいは共同経営化が迫られてくるのではないですか。

勝則：私は、台湾やアメリカで合弁会社をたくさん作ってきましたが、成功したためしがありません。大半は喧嘩別れです。合弁会社設立当初は、すべて両者の合意の上で、共同でやろうと言っていますが3年から5年経過すると、本性が出てきてうまくいかなくなります。

塚口：合弁会社は日本でいえば第三セクターですね。この第三セクターはほとんどうまくいっていません。役所の悪いところと民間の悪いところを併せ持つような格好になり大きな赤字を出すか倒産しています。

　この経営の問題を論じる際に、破産の問題も同時に論じていただきたいと思います。今日まで、社会福祉法人の破産は、表向きはほとんどありませんでした。しかし、実際裏面ではひそかに社会福祉法人が経営する施設が売り買いされていると聞きます。

　社会福祉法人が経営する施設が行政処分で運営されていた時代は、利用者が減って立ち行かなくなるような事態になると、行政側が職種を変更する処置を進めて倒産することはなかったのですが、今日のように福祉や介護のサービスを受ける側がサービスを提供する側（社会福祉法人）と契約を取り交わしていくようになると、それはもうサービスの売買契約ともいえます。売り手の側が質の高いサービスを継続的に提供できることが最低の条件になりますが、経営が困難な状況に陥った社会福祉法人は、この最低の条件すら維持することができなくなります。そうなると、利用者は減っていき、やがて倒産の淵に立たされることになります。

　周作さんが日頃主張しておられる経営論からこの問題を具体的にお話しいただきたいと思います。

周作：福祉が契約の時代に入った時から、ある面では競争の時代に入ったと言えます。競争は、勝つものと負けるものが必ず存在します。社会福祉法人が負けるということは、民事再生か倒産状態を指します。

　今、多くの社会福祉法人は、自己資金が乏しいのに借金をして事業拡大を図ってきました。すでに、何十億円も借金を抱えている法人が、私の知る限りでも幾らもあります。そういう法人に共通していることは、利用者枠を満たさないまま何年も経過していて、経営者は、それこそ死に物狂いで利用者を獲得する努力をしているかというとそうではないようです。法人で買った高級車を乗り回し、毎週ゴルフに行っています。法人の経営よりゴルフのスコアで頭が一杯というようなオーナーの法人は間違いなく倒産すると思います。

　私は、経営の視点を次のようなところにおいています。一つは、赤字を出している事業所はその原因を徹底的に分析し、法人側に主体的な条件が欠けている場合は、その条件を満たす努力を厭いません。その赤字が、構造的なものであれば、その事業所を閉鎖します。二つには、契約の福祉とは、顧客を獲得するセールス活動が不可欠です。事業所の職員が必死になって顧客獲得のセールスをやっているかどうかです。三つには、社会福祉法人の経営は、オーナーと職員が意識を共有しないとダメです。オーナーが自分の思い付きでアレコレを勝手にやり、そのツケを職員に回すなどの愚行は決して行ってはならないことです。

勝則：社会福祉法人が施設を経営するに当たりたくさんの借金をしています。銀行なども社会福祉法人は潰れることはないだろうということで、変動金利でお金を貸しているようです。現在の低利率で長期貸付は嫌がります。金利が上がればお金を借りている法人はたちまち経営困難に陥ることになります。金利は近い将来必ず上がります。そうなると、やがて立ち行かなくなり、倒産の道を歩みます。第一段階として、介護サービスの悪化、第二段階として介護士等スタッフの人員削減、第三段階として削減後のスタッフの給与等のカット。ここまで来たら外部に情報が漏れ、倒産の道へ急降下となると思います。

〔コメント〕笹山博司

社会福祉法人を経営する上で社会保障、介護保険のことを理解しておかないといけないです。今の社会保障は、どのくらい予算がついているのか。厚生労働省の介護保険の動向とかも考えていかないと経営は難しいと思います。また、運転資金が少額で始めると、すぐにキャッシュが回らなくなります。

ただ、介護は、人のためにという思いを強く持っている人が多く、社会のためにと社会福祉法人を作っていきます。その人たちが経営を行うと現実とのギャップに大変苦労すると思います。ただ、節税のために社会福祉法人を作っている人より、そういった人たちが社会福祉法人を設立し、経営ができる状態になることの方が遥かに価値があると思います。

〔コメント〕辻尾朋子

社会福祉法人も経営のノウハウを身につけ、継続的にサービス提供できる基盤をしっかり築かなければいけないと思います。また、人材を育て質の良いサービスは経営を考える時には欠かせないものですね。

社会福祉充実計画とは

塚口：話を切り替えます。今度の社会福祉法の一部改正では、社会福祉法人はその剰余金を社会福祉充実計画で地域貢献に充てよと規定されました。この問題について論じていただきたいと思います。
勝則：これは大きな問題です。汗水たらして働いて残ったお金を次の社会福祉施設へ再投入するのは当たり前です。そうではなく、残ったお金を地域の生活困難者や貧困児童のために使わなければならないという法規制は法人の経営意欲を大きく削ぐものです。本来、生活困難者や貧困児童などに対する救済・支援は行政の役割だと思います。
周作：社会福祉充実残高が法律で縛られると法人経営者のモチベーションは上がりません。今回の改正で一番の問題はそこです。社会福祉法人がその経営努力で剰余金を出せば、自らの判断で自主的に地域のために貢献するのはよいと思います。しかし、法律でいう社会福祉充実計画は、県や市町村に計画書を出して、許可をもらうというものです。法人と職員が、汗水たらしてためたお金、それは、災害や施設のメンテナンスや増改築のためにためたお金を地域貢献に使うのになぜ行政の許可がいるのか分かりません。こんな高飛車な法律がありますか。
塚口：市町村は財政的に窮迫しており、行財政改革もこれ以上は見込めませんが、その一方では地域の福祉ニーズは高まっています。これを社会福祉法人の剰余金で賄おうとする考えだと思います。本来、行政が社会福祉法人にお願いして進めるものではないですかね。それを高飛車に「計画を出せ、それを見て許可する」というような姿勢で、本当に官民共同の地域福祉が創れると思うのですかね。では、行財政改革は十分ですかと問いたいです。今、市町村議会の議員の政務活動費（政活費＝生活費）が問題になっていますが、高い議員報酬に加えて政務活動費がプラスされています。

　スウェーデンのリンショーピン市では、市議会は夕食後の午後7時から始まります。議員は無報酬で基本的にはボランティアです。日本では市町村議員は職業になっていて、世襲議員も少なくありません。行財政改革をいうなら、議員報酬をうんと削減し、政務活動費などは無くすべきです。また、職員の数が多すぎます。余っているから外郭団体や行政との関連の深い諸組織に出向させたりしているわけです。こういう無駄を削ぎ落して、社会福祉法人などと対等の立場で共同する。これが本来の姿だと思いますがどうでしょうか。

周作：社会福祉法人が解散するときは、原則、基本財産は国の帰属になります。剰余金をどのタイミングで何に使うかは経営の手腕だと思います。ところが、剰余金を充実残額として5年以内に全部使いなさい、その計画書を出しなさい、行政が認めてあげるから、という構図はまちがっています。もう一つは、充実残高の算定の仕方を見ると、借金をしながら働かなければならないようになっています。借金がゼロで充実残高がたくさん残っているのならわかります。厚労省が示す計算方法では、借金があるままで充実残額を出す計算方式です。充実残額は借金返済には充てられません。見方を変えれば、減価償却累計相当の資金による借金返済は認めるが、施設の更新・増設は各自の借金債務で実施せざるを得ない計算になっています。

勝則：社会福祉充実計画を実践させることを定めた趣旨は、現状維持のための再投資です。現状維持の剰余金を前提として、これを超える余剰資金があるかないかを検討しています。減価償却による資金の確保と現状維持のための将来修繕費用に物価水準上昇率を掛け合わせた額と現状の剰余金を比較します。超過していれば余剰があるとして改善勧告が出ます。

塚口：それをやっていきなさいという方程式ですね。

勝則：一般企業の経営というのは、一つは、収益を拡大していくこと。二つには、コストを削減していくこと。三つ目には、コストを減らすために新しく生産技法を改善すること。製造メーカーであれば新しい製品を出して、さらに開発していこうとするものです。社会福祉法人での現状の論議は、収益拡大の論議でもなければ、新製品開発の論議でもないですね。新製品（これは新たなサービスを指す）を開発しなければ、２０３０年以降の超高齢社会を乗り切れないと思います。その役割が果たせない社会福祉法人は滅び終焉を迎えざるを得ないのではないでしょうか。

塚口：勝則さんが言われる開発という側面から見ると、新しいサービスの開発ですね。

　また、経営問題に戻った感じがしますが、私が宮崎県の延岡にいるとき、北方町の山奥に暮らされ、要介護状態であるご主人を年老いた奥さんが介護されていました。その奥さんに介護サービスを受けないのですかと聞くと、デイサービスに一度行きました。ところが、1時間半かけて山道を走り、デイサービスで過ごし、また1時間半かけて帰って来ると翌日から寝込んでしまって大変だったと言われていました。介護ヘルパーさんにも来てもらいましたが、バイクで往復3時間かけてきてもらうのに気を使い疲れてしまいますから1回で断りましたということでした。家庭介護は虐待につながるという論理で出発した介護保険の理念は、こうした「老老介護」には何の手当ても届かないことになります。こういう現状を見ていると、ドイツの介護保険制度のように、家族介護者に一定の報酬を払う仕組みを導入すべきだと思いました。反面、ドイツのようになったら社会福祉法人は大変です。ドイツでは家族介護者に報酬を払うことになったとたん、ナーシングホームの利用者が激減したと聞いております。同じように、日本では特養の利用者が激減するのではないですか。勝則さんが言われたように特養は10年先、20年先を見通して新しいサービスのあり方を開発することではないでしょうか。例えば、今の日本の介護サービスは「施設」か「在宅」かの二者択一です。そうではなく、その中間どころのサービスを開発することも必要なことです。充実残額を使ってこの研究と実践を進めていくというのはどうでしょうか。

周作：家族介護がサービスの一つとして認定されれば、介護報酬が支払われることになりますね。私は、残余財産でヘルパーを雇用して在宅高齢者を支援し、自立が困難になったら特養利用に結び付けるという支援リンクを始めたらよいと思います。

塚口：社会福祉充実計画について論じ合いましたが、一定の問題提起にはなったかなと思います。

〔コメント〕笹山博司

今回、この計画は、社会福祉法人はお金が余っているという前提の制度であると思います。果たして、本当に残額が出ている法人は少ないのではないかと思います。社会福祉法人に補助金を得ているので、ただ、残しているだけであるなら、社会還元しなさいという理屈はわからなくもないです。

〔コメント〕辻尾朋子

福祉充実計画の許可を市町村が出すということは、市町村に専門的にわかる人がいないといけないと思うのですがその整備は進んでいるのでしょうか。また、地域の福祉課題に継続が難しい社会福祉充実計画で対応することは、本当に住民のためのサービスとなるのでしょうか。もう一度住民の立場に立って考えなければならないと思います。

社会福祉法人のリーダー像について

塚口：次の課題として、社会福祉法人のリーダー像について論議をしていただきたいと思います。

経営を動かすにはどのようなリーダーが必要でしょうか。勝則さんは様々な経営者と接してこられた経験から経営者像を提起していただきたいと思います。周作さんは、ユニークな社会福祉経営者として多くの関係者から高い評価を受けておられます。特に、その一方で介護サービスを提供する株式会社を経営し、非営利の社会福祉法人の経営との間でシナジー効果を発揮しながら進めておられる、いわば二刀流経営者です。こうした立ち位置を踏まえてお話しください。

勝則：私の過去の経験は、上場会社の決算を監査するというのが主たる業務で30年ほどやってきました。残りの10年は、コンサルティングや会社を上場させることや海外進出の仕事をしていました。

上場会社でも大きく分けると二つから三つのタイプのオーナー、リーダーがいます。一つの分け方としては、オーナーリーダー、オーナー系ではないサラリーマン的なリーダーの2種類があります。例えば、ソフトバンクの孫さん。オーナー系株をたくさん持っています。私もお手伝いしたのですが、上場した時はいつ潰れてもいいような本当に小さい会社でした。借金も多いし、彼はノウハウや技術的な特許を持っていませんがアイデアを売るという手法とアピールが上手いですね。彼自身は技術者でもないから心配してついていかない人はいっぱいいました。

次に、オーナー系でユニクロの柳井正ＣＥＯさん。この方は、自分のアイデアで事業をグイグイ引っ張っていくタイプです。

同じオーナー系でも違うのが豊田章男さん。大正製薬の上原明さん。昔の上原さんは大株主でユニクロと一緒でしたが、今の上原さんはオーナーとは言えないと思います。株は2～3％しかもっていません。豊田さんも0・1％ですがオーナー系に入ります。財閥系で三菱系とか三井系はサラリーマン系リーダーで、オーナー系とはいえないですね。

オーナー系のリーダーというのは自らが意思決定し強いリーダーシップで引っ張っていくリーダーのことです。社会福祉法人は、規模は小さいですけれども、オーナー系の経営者が多いようですね。

もう一つの分け方として、リーダーシップの側面から分ける方法です。すなわち、調整型リーダーと非調整型リーダーです。非調整型リーダーは本当のリーダーシップを発揮していくリーダーだと思っています。日本のリーダーの大半9割が調整型リーダーです。

塚口：もともとのオーナーはどんな位置におられるのですか。

勝則：最初はオーナーで株を50％以上持っているのですが、薄まっていきます。松下幸之助さんはオーナー系。次の松下社長はオーナー系に近いが株式保有が少なくリーダーシップに欠けると思います。さらにその息子になると一介のサラリーマン役員です。

塚口：勝則さんから見たらオーナー型と非オーナーで調整型、この非オーナー型が上場会社の9割を占めていると言われましたが、将来はどうなのでしょうか。

勝則：調整型のリーダーは、いつでも年齢なり目標が終了すると次の経営者に代わっていきます。何か起こったら責任を取って頭を下げて次に代わることになります。これがオーナーの場合とか非調整型のリーダーはそうはいきません。例えば、スズキ自動車の鈴木会長ですが目標が達成されるか、されないかに関係なく次の目標や長期戦略を設定して従業員を奮い立たせ前進させておられます。これができないと非調整型のリーダーはその価値を失ってしまいます。

周作：富士フイルムもそうではないですか。

勝則：富士フイルムもそうですね。セブンイレブンの鈴木さんもそうです。コンビニを開発してきた鈴木さん、オーナー家と仲たがいすることはあると思いますが、リーダーシップが優れていると思います。やはり私はリーダーシップが優れているのは、非調整型の社長と思います。

塚口：社会福祉法人はオーナー型の理事長や経営者が多いですがあまり勉強しないし、リーダーシップも発揮していないように感じます。これをどう見たらよいのですかね。

勝則：オーナー系というのは元々リーダーシップをもっています。オーナーとして一言いえばそれがリーディングになります。ただ、社会福祉法人というのは、オーナーシップを公益にしたからといって本当のオーナーシップは発揮されないのではないかと思います。

社会福祉法人を設立する際、本人が寄付行為をしようが、先代がそれをしようが、経営者の考えの中には自分のものだという意識が強いと思います。ところが、リーダーシップを取ってこういう方向に進もうという決断意識は薄いです。

周作：一般企業だったらそういう状況であれば倒産しますよね。社会福祉法人は倒産しないです。社会福祉法人は、国に代わって社会福祉・介護福祉の第一線を担っているわけですから、よほどのことがない限り解散や倒産はありません。しかし、国がかむと一番優秀なリーダーに標準を合わせず、一番レベルの低いリーダーに合わせているのではないかと勘繰りたくなります。ですから、経営者にとっても国が保護しているという意識があるから経営能力を高めなくてもやっていけると思っているところがあるように感じます。

勝則：社会福祉法人ができる前は国が保護や救済をやっていたのですか。

塚口：国は明治7年に恤救規則を制定し「無告の窮民」を人民相互の情誼で助け合えという法律を作りました。これは、岩倉具視が明治4～5年ごろロンドンを視察し、ロンドンのスラム街を見て、また、エリザベス救貧法に接し、「救貧はほどほどにすべし」という意識をもって、帰国後この恤救規則を作ったと言われております。その後、この恤救規則は救貧法（昭和4年）に変わり、第二次大戦後の昭和20年12月、生活困窮者緊急生活援護要綱を経て、旧生活保護法（昭和21年9月）、新生活保護法（昭和25年5月）と変遷してきております。戦後の動きはGHQの強い指導の下で進められました。しかし、これは生活困窮者の救済で、戦災孤児の救済、障害者の援護、困窮高齢者の救済などの多くは篤志家による慈善事業で行われていました。この慈善事業が源となり、昭和26年の社会福祉事業法で社会福祉法人に位置付けられました。

また、新憲法ではその第25条に国民は健康で文化的な最低限度の生活をする権利を有するとし、国は、国民のその権利を保障する努力義務があることを規定しました。

その後、各種福祉法ができましたが、実際、国が直接に生活困難者や自立困難者の支援することは困難です。社会福祉法人は、国に代わって福祉行為を行うものとして位置づけられた経緯があります。

勝則：時代の流れとともに変わってきています。社会福祉法人の出資比率の視点から見ると、昔は国が50～60％のオーナーシップ、今は、民間が80％のオーナーシップを持っていると考えられるのではないでしょうか。そうなると、国は20～30％のオーナーシップしかありません。国は大株主ではあっても過半数を超えていません。それなのに、100％の口出しをしているからおかしくなるのです。

今は法人設立時や新しく施設を造るとき、個人の出すお金のほうがはるかに大きくなっています。今回の社会福祉法の改正を見るに、国の関与が多く出てくるのは間違いだと思います。20年前のやり方だったら正解ですが、今だと2割しか口出しせず、残り8割は法人の自主性に任せないといけませんね。

周作：今後もっと国からの補助が少なくなってくることが考えられます。国のオーナーシップというのが20％なり10％になってくると国の口出しエリアは最低限のところだけでよいのではないでしょうか。そうすると、80～90％のオーナーシップを持った経営者が、サービス利用者のニーズや地域のニーズに合ったユニークな事業展開ができるのではないかと思います。こうなると、法人の経営能力が厳しく問われてきます。柳井さんのユニクロは、最初の頃、誰がこんな服を売って儲かるかという世評から始まった会社です。それが柳井さんの経営能力でここまでの会社に成長しました。社会福祉法人もそうなるのではないかと思います。

塚口：サービス内容も保険報酬も全部細部にわたって法律で決まっているではないですか。裁量がほとんど効かないところにどうやってオーナーシップを発揮するのですか。

周作：私はある程度は発揮できると思います。法律で決められていても、例えば、ヘルパーの派遣事業をするかデイサービスをするかは選択の余地があると思います。どの事業をするのかも、いつするのかも、どこでするかもすべて経営能力がいります。介護報酬自体は決まっていても選択の余地があるから利益が上がる場合もあれば赤字になることもあります。それがリーダーシップであり経営能力です。

勝則：タクシーの初乗り料金は実質的に固定されていました。電車に乗ったら一区間180円から始まる、これは通産省が決めています。そうした中で、タクシー業界に新しい風を吹かせたのがMKタクシーです。これは国土交通省がものすごい縛りをかけてきた中で行いました。制約が厳しい中でリーダーシップをどのように発揮するのか、MKタクシーは、ワンコイン500円で行こうとしました。これが国土交通省では最初認められないときました。ところが、MKタクシーは初乗り500円で押し切りました。500円で勝負をして勝てる自信とそのリーダーシップがなければできないことですね。

社会福祉法人もその点では同じですが、MKタクシーのようなところはでてきていないです。

リーダーシップをもって今までの殻を破っていこうとすると、これはすごく抵抗にあうと思います。そうではなく、殻の中でいろんな条件を調整しながら自分のリーダーシップを発揮していこうとするやり方がこれからは求められているのかなと考えます。社会福祉法人でトランプ大統領みたいな突出したやり方をするとものすごく叩かれます。そういうことをしないで、いろんな条件をうまく調整しながらリーダーシップを発揮するリーダーが求められているのかなと感じます。

周作：社会福祉法人は、リーダーシップを発揮するのではなく、オーナーシップを翳しているところが多いと思います。例えば、Aという人が作った法人はAの子どもや孫が継ぐという社会福祉法人の典型的な継続スタイルの中で、職員はオーナーだからついていくというパターンで今日まで来ていましたが、これからは、リーダーシップを発揮できない経営者には誰もついてこなくなるのではないですか。

塚口：以前、住友の創業者の子孫という方にあったことがあるのですが、その時は、住友電工の相談役でおられました。住友グループは、オーナー以外の人たちが動かしています。社会福祉法人も近い将来そのようになるのではないですか。

なぜかと言いますと、1法人1施設の、弱小法人は段々と姿を消しつつあります。一つの法人が多くの施設や事業所を経営するようになってきました。そうなると、オーナーの親族だけで対応することができなくなります。必然的に、他人を施設長や事業所の責任者に据えることになりますが、オーナーの意識が閉鎖的で「他人は信用できない」などと言っていると経営戦線から取り残されていくことになります。大きな法人は、近代的ガバナンスの意識を持ちその手法をいち早く取り入れていかないと競争には勝てないと思います。

周作：社会福祉法人は、夢工房のような事件が起こらないと変わることができないようでは困ったものです。以前に論議したように、社会福祉法人の経営者は社会福祉の理念を深め、経営論をもっともっと勉強しなくてはならないと思います。今、現場は人材に枯渇していてそれを埋めるために「誰でも採用する」傾向が強まっています。採用した職員に使命意識を持ってもらい、人を支援するにふさわしい人材に育て上げなくてはならない役割が経営者の肩に重くのしかかっています。社会福祉法人経営者にはこの苦境を乗り切る強い意志と経営手腕が求められていると思います。

勝則：私は、社会福祉法人のオーナーにはそれほど魅力を感じません。優秀な経営者だと3千万、5千万の給料はほしい。退職金でいえば1億円はほしいです。彼らは、金銭的には社会福祉法人のリーダーとして活躍する魅力を感じません。塚口さんが言っておられるように、優秀な非調整型リーダーは外へ出るだろうと思います。金銭面でいうと魅力はありませんが、それに代わるものとして社会的使命、ミッションをみんな持っています。経営者が社会的使命を果たしたいというミッションを基礎としてリーダーシップを発揮しなければ、そこで働く何百人の職員を引っ張っていけません。

塚口：両方とも大切ですね。

周作：そうですね。両方を満たすようなリーダーを育てる環境・教育が必要ですね。ただ、社会福祉法人のリーダーは社会的使命と公益性を重んじる経営論が必要です。使命が欠けてしまうとお金さえもらえばいいという考えになり、不正が起こります。民間の会社なら自分が利益を得るためということが、出発点ですが社会福祉法人の場合は社会的使命や公益性が大事というところから出発しているところがあります。塚口さんが言うように、両方のバランスが必要ですね。

勝則：大企業の場合も社会的使命は大事です。例えば、自動車製造を見ると、まず、環境保全の立場から排ガスを少なくする、安全性を徹底して追及する、しかもコストを下げなければならない等々、こうした使命を果たさないと企業は衰退していきます。このためにリーダーも従業員も必死になります。その対価は必ず高い報酬で帰ってきます。社会福祉法人には努力の対価が少ないです。ですから「努力をしてもしなくても同じ」という意識になり、経営努力をしないオーナーやリーダーが生まれることになります。厚労省も建前はもっともらしく装っていますが、本音は、そこそこのリーダーの方が御し易いと考えているのかもしれませんね。

企業は社会的使命を追求するだけでなく、社会貢献にも力を入れています。例えば、アメリカのジョンソン＆ジョンソンは、ピンクリボンで乳癌の献金をしています。そうすると逆にジョンソン＆ジョンソンの商品を買おうという行動につながり経済の循環が生まれます。

塚口：社会福祉法人でも似たところがあります。いろいろなサービスや地域貢献をすることで「あそこの法人のサービスを受けたい」と顧客を開拓することに通じます。商品とサービスとは違いますが、ささゆり会で敬老会をします。豪華な三段重を来た人に無料で提供されます。私は、最初は「もったいないことを」と思っていましたが、その評価が変わってきました。地域の高齢者を招待することで、高かった敷居が低くなり、職員の献身的な関わりで、「将来、要介護状態になったら、ここの特養にお世話になりたい」とほとんどの参加高齢者は思っているようです。周作さんの将来に向けての投資だと思います。

周作：社会福祉法人も地域から好かれないとやっていけません。経営者は頭の中心にそのことを置いておくことが大事だと思っています。

塚口：3年ほど前に社会福祉協議会の100周年記念式典がありました。斎藤十郎さんが全国社会福祉協議会の会長をされていて、僕も感謝状をいただいたのですが、その式典に天皇・皇后両陛下がお忍びで来られて祝辞を述べられました。社会福祉協議会の源流は渋沢栄一が立ち上げた日本の中央慈善協会（明治41年）です。この慈善協会はその後社会事業協会になり、社会福祉協議会の構成団体となりました。

大正時代に日本の財界をリードした渋沢栄一が、その一方で貧困者救済事業や母子家庭の援護を先頭に立って進めました。今日の財界指導者は社会福祉問題に無関心な人が多いと思います。渋沢は、経済人ではありながら、いつも人間の徳みたいなものを頭においていました。孫さんが社会福祉事業に踏み出したとは聞かないですね。今の企業人から渋沢のような人物が出てくると社会福祉法人の経営者も影響を受けるのではないかと思います。

勝則：企業のリーダーに、「あなたの社会的使命は何ですか」と問い詰める人は少ないです。マスメディアもそんなことには無関心です。今日のマスメディアは、よい意味で世論をリードする力量はありません。

現役時代の阪神タイガースの赤星選手は、盗塁を一つしたら車いすを1つ寄付されていました。また、テレビを見ていたら、アフリカの赤道直下にある共和国に日本人が学校を作っているそうです。その共和国の国民の年収は150万円程度。子供たちの授業料は無料。給食費も無料。それは、ビートたけしさんが毎年3千万円寄付されているということでした。企業人もこうした社会貢献を見習ってほしいと思います。

周作：社会福祉法人のリーダーは社会の動きを敏感につかみ、さらに社会福祉問題には敏感に行動できるようになり、生活に困っている人たちの暮らしをどのように支援するかの方策を誰よりも先に提示し実行しなければならないと感じます。

塚口：非営利組織である社会福祉法人のリーダーとして、どのような要件を備えておかなければならないかを論じていただきましたが、さらにその続きとして、リーダー個人の資質といいましょうか、一人の人間としての資質といった面から話を進めてみたいと思います。

勝則さんはその経歴から様々な企業のリーダーの人たちとお会いになって、特に、魅力あるリーダーや印象に残っているリーダーなどについてお話ください。

勝則：個人的に思ったことでお話します。すでにお話したオーナー系と非オーナー系、調整型と非調整型に分けられるというようなことを話しましたが、日本に帰って10年ほどオーナー系社長の上場支援業務を行ったとき、オーナー系の社長は皆さん一癖も二癖もありました。芯が強い人ばかり、頑固で信念を持っておられました。そうでないとこれまで積んできた実績を、株式公開して、株主のもとに届けるには3年から5年を要し、長い道のりの上の上場です。みなさん自ら作り出した商品なりサービスに強い自信を持っておられました。調整型の人で一から上場させる社長は少ないです。

塚口：おっしゃることを聞いていると調整役のリーダーは魅力が乏しいということですか。

勝則：本当に苦労して、上場して、挙句辞めていく社長もおられ、外から見たときに、あるいは従業員の方たちには魅力がないように見えます。

塚口：勝則さんにとって癖がある社長が面白いですか。

勝則：そうですね。調整型の人は、優秀で下から上がってきたとしても周りに潰されてしまうことがあります。普通の社長はまず潰れます。

塚口：調整型の社長はいろんなところに目配りされるタイプですよね。目配りするために自分の個性をなかなか出せない、そのようなタイプですよね。

勝則：大阪の町工場で、大企業ができないような商品を売り出したり、技術力を発揮したりしている会社の社長はとても個性的な人です。そういう個性が社会福祉法人でも必要なのかなと思います。

塚口：明治時代に慈善事業を起こした人は個性的な人が多いですね。自分の利益や名誉を捨てて慈善事業に没頭する。今ではまねできないような創業者が多いです。今は、そうした強力な個性派はほとんどいなくなりました。ただ、慈善事業を起こした人たちは強力な個性を持っていましたが、素晴らしい人徳を備えていたと思います。協力者は、やっていることは今一つわかりませんが、あの人がやっているのだから協力しようとした形跡は多く見られます。

社会福祉法人を引っ張っていこうとするリーダーは、やはり人徳も不可欠な条件だと思いますよ。

周作：今の社会福祉法人の経営者は、2～3代目が多いです。先代が苦労して行ったことが記憶にないような人もいます。オーナーの子息というだけで経験もなく介護のノウハウも持たないまま施設長や法人役員になっている人はリーダーシップなど備えていません。

近年社会福祉の分野は、国の補助金や制度の整備などが昔に比べて整ってきました。昔は何もなく、ゼロから全部創り上げてきました。今は、法人を立ち上げるにしてもスムーズにでき、初めから枠にはめられています。私の場合も枠の中での立ち上げでした。

塚口：現在は、癖のある経営者はかえって現代的な経営の波に乗れないのではないですか。

周作：施設の立ち上げなどは資金力が必要です。最初の頃の立ち上げは、「一法人一施設」と小さく立ち上げていますが、私が立ち上げるころ、今から20年ほど前は大きく立ち上げるようになりました。特養１００床、ショートステイ30床、ケアハウス36床といった具合です。事業規模が大きくなると事業全体を俯瞰して適切な指示や判断ができるリーダーが求められてきます。

勝則：明治・大正時代は、日本は産業の創成期、当時の慈善事業は、すべてを投げうって打ち込むような人がリーダーでないとできなかったでしょうね。戦後は、社会福祉にかかわる法律が整い、国の責任で福祉事業を進めるようになると、個性型より調整型のリーダーを求めるようになってきたのではないですか。近時、福祉サービスの担い手は社会福祉法人だけでなく、規制緩和の中で株式会社の参入も始まりました。社会福祉法人は、株式会社の有料老人ホームと勝負するためには、よほど優秀なリーダーを持たないと勝てないのではないですか。

周作：客観的な情勢から言うと、要介護老人が急増していきます。その高齢者たち全員が特養を利用することができないので、特養利用者の利用条件が厳しくなりました。今は、要介護度3以上でないと利用できないです。こうなると、形にはまった経営しかできなくなります。こういう時には頑固で信念を持った経営者でないとやっていけないように思います。

塚口：今日の社会福祉法人の経営は、頑固で他人の言うことには耳を貸さないような一徹な経営者でなく、法人の組織力を十分に発揮させる条件が整えられるような、むしろ調整型のリーダーが必要なのではないかと思います。

勝則：気持ちとしては揺らぎのない信念を持った人がリーダーとして求められていると思います。しかも、いろいろなアイデアを出して規制と規制外の間をうまくかみ合わせるようなリーダーが必要でしょうね。この調整は難しいです。しかし、規制の中で環境、技術、社会のニーズが刻々と変わるときに、規制外のことも取り組む気概は必要だと思います。

塚口：周作さんとは20年ほどのお付き合いになりますが、どちらかといえば個性派リーダーだと思います。職員の指導には大変強引なところがありますが、必ず、フォローをしておられます。このフォローがないと叱られた職員はへこんでしまいます。反面、職員一人一人が資格取得に取り組む、働きやすい職場環境や条件づくりに奔走するなど大いに調整型のリーダーとしての力も発揮しておられます。

周作：世の中がどのように変化していくかを読み込んでいかないといけないと思います。そのためには、今どのような手を打つ必要があるか、職員にこの情勢の変化をどのように理解させるか、その上で、職員それぞれの立場で、今何をしなければならないかを考えてもらうために、つい、厳しい叱責になったりします。人間は、年を取ると丸くなると言います。私が丸くなるのを期待しておいてください。

再びリーダー論に戻って

塚口：今、勝則さんからお話いただいた内容については、これからの論議の中でも出てくると思います。

ここでちょっと元に戻りますが、この編集に携わっている笹山博司君と辻尾朋子さんにお聞きしたいのですが、個性的リーダーと調整型リーダー論などをお聞きしたのですが、あなたたちは、どのようなリーダーが理想的だと思いますか。例えば、理想的な上司というのが雑誌やテレビで取り上げられています。青山学院大学の駅伝の監督であったり、俳優の水谷豊さんであったりと。

辻尾：個性的な部分と、話を聞いてくれる細やかさを持っている部分を兼ね備えているようなリーダーが理想的であると思います。一方的ではなく、話を聞いてくれる、気持ちを理解してくれるリーダーが良いですね。よき理解者というようなイメージがある人が理想的な上司に名前が挙がるような人だと思います。

博司：今求められている上司は、みんなの意見をよく聞いて、みんなと意識・価値観を共有しながら進めていける面倒見のいい人が理想的だと思います。今の時代は、一人の１００歩より、１００人の一歩が大切なのではないかと思いますが。１００人の一歩では変化についていけませんので、１００人の50歩を目指さなければなりませんが。

塚口：リーダーの個人的な資質の面でいえば、私が仕えてきた上司はよく勉強されていました。自分で学んで知識を膨らませる。あるいは、精神を豊かにすることを絶えず意識されていたように感じます。怒られた時でも、あの人に怒られるのだから仕方がないと容認できました。そのようなリーダーに接してきたことで自身もそのようでありたいという思いがどこかにあります。前に、渋沢栄一の話をしましたが、渋沢は、自分の信念として企業の立て直しや新たに起業していくことに力を入れた半面、恵まれない人たちに目を向けたり、日本慈善協会を創設し慈善活動を広める社会的活動を進めたりと、サイドワークで全く別の非営利な活動に力を入れてきました。これが渋沢栄一にとっての男の道ではなかったかと思います。まさに、人間性の発揮を求め続けた姿とみることもできます。

勝則：リーダーとしては、一般企業のリーダーであろうと社会福祉法人のリーダーであろうと同じだろうと思います。魅力がなければいけないし、みんなの理解者であって、なおかつ、リーダーシップを発揮できる人でないといけないということです。その両者の違いは、リーダーとして持てるミッション・使命が社会的使命なり社会的貢献を最優先においている人が社会福祉法人のリーダーであるべきだろうと思います。一般企業の場合、上場会社で大きくなると、国の経済を支えていくこと、業界を発展させることなどの社会的ミッションの割合が大きくなります。

塚口：今の主題は、社会福祉法が改正され、特に、社会福祉法人のありようが変わってきました。この変化に社会福祉法人としてどのように対応していくかについて、ガバナンスの強化の課題から入ったのですが、再度、リーダー論に戻り論議をいただきました。

さて、行きつ戻りつになりますが、今度の法改正にどのように対応していくかについて再度ご意見をいただきます。

経営の要諦はモチベーションを上げること

周作：社会福祉法の改正、その発端は、キヤノングローバル研究所が発した記事だと思います。その内容は形式的な数値にとらわれ、本質的に間違ったことを書いていますが、霞が関は好機ととらえ、今回の改正に結び付いたと推測しています。財務省が厚労省に圧力をかけ、厚労省がそれに乗ったというように私は理解しています。その記事が出た当初に全国老人福祉事業協会も適切な反論をしておかなければならなかったと思います。財務省は、これで介護報酬が下げられると判断し、厚労省は社会福祉法人をより強くコントロールできると考えて今日に至っていると思います。

私が、この改正で一番気になるのが、経営者や職員のモチベーションが下がるということです。どのような条件であれば経営者のモチベーションが上がるか、はたまた、職員のモチベーションが上がるか。このモチベーションが上がることこそ、介護の質を上げる、職員が意気に感じて働くといった要素につながります。厚労省はこのことを全く考慮していないように感じます。そういう意味では、今回の改正はモチベーションを下げ意欲を削ぐ改正です。社会福祉、特に介護福祉について言うと、職員が使命感を持って意欲的に打ち込める制度的環境が準備されないとなりません。今回の改正はそれを削いだと思います。介護の質を高めていくなど介護職員の意欲を掻き立てるものが今回の改正では全く見られません。残念に思います。

塚口：周作さんは、法改正当初から先ほどの批判をされています。さらに付言すれば、この改正によって新たに特養を建設しようとする動きは著しく減退するのではないかと周作さんは言っておられます。

キヤノングローバル研究所の論調も含めて、勝則さん、発言してください。

勝則：ちょっと記憶が薄れていますが、周作兄からＦＡＸで記事を貰って見ました。発言者なりのロジックがあるのかもしれませんが、会計学的にはおかしいところがあることに気付かされます。現状の施設を将来も維持していくことを考えた場合、リプレイスしていくコストは、今までは減価償却だけで、物価上昇なり修繕なりが必要でないならば、現状の取り換え維持コストで賄えるかもしれませんが、それ以上はいけません。物価上昇、修繕コスト、運営費用を考慮しなければなりません。剰余金はまさにこれらに備えた将来の運営資金のストックです。資金的側面からは減価償却を通じて稼いだ資金を借り入れの返済に充てなくてはならないとなると、現状の施設建設に将来も同様に外部借入資金が必要となります。将来、外部機関および国がこれまでと同様に助成金と借り入れに応じてくれるかは疑問ですね。

周作：私は、30年たつと制度疲労してきて潰れるのかなと思いました。制度疲労はもちろんあるのですが、リポビタンＤは30年たってもみんな飲んでいます。すごい商品です。オロナミンＣもそうです。

塚口：神戸のビオフェルミンも長いですね。

周作：最初は小さい存在でしたが、コンビニの売り上げで浮上しました。息の長いシステムです。今はアマゾンが頑張っています。新しい商品や新しいサービスを開発していくことは、経営者に求められていますね。

塚口：社会福祉法人は、新しい商品や新しいサービスを開発してもよいかなと思うのですが、どうでしょうか。

周作：そうですね。本当にイノベーションを起こさないといけないと思います。ところが、その余地が非常に少ないです。いろいろなことを考えますが、イノベーションを誰か起こすかもしれませんが、介護の領域でイノベーションを起こせるところはＩＴ関係です。これは日々進んでいます。介護ロボットは20年間見ていますが、思ったように前に行きませんね。世間の人は、ロボットが勝手に移乗や入浴などの介護をしてくれるといったイメージを持っていますが、これから20年たってもそのようなものは出てこないように感じています。これが現実です。

勝則：経営者のモチベーションの話に絞れば、もしモチベーションがあって商品のイノベーションを起こせば会社が豊かになり、給料が上がり、業界の地位も上がり世界で勝負するようになります。小野薬品のオプジーボ、これを出したら武田製薬に勝ってしまいました。日本では小野薬品はあまり知られていませんが、世界に行くと違います。

塚口：大きな企業が研究機関を持っていて、開発はそこがやっているのですか。

勝則：薬メーカーは独自の研究所を持っていて、そこで開発しています。研究所は創薬期（タンパク質の化合を調査し、動物による実験をする機関）の活動が中心ですが、治験期（人体への影響を調査する期間）も重要です。製薬メーカーは治験者を集めドクターから治験結果を集め研究所に送る役割も担っています。

塚口：銀行などの金融機関も研究所を持っていますよね。これはどのような機能を果たしているのですか。

勝則：いろいろなレポートを作成しています。例えば、みずほ研究所が何をやっているかというと主にはマーケットリサーチです。同時に、業界、欧米への世界戦略を考えています。

塚口：笹山博司君は医学博士号を持っているし、研究思考の視点や知識を持っているので、社会福祉法人ささゆり会に社会福祉研究所を設けたらどうですか。

周作：私も大学等の教育機関の研究のあり方を見てきましたが、結局、理論をもてあそび、現場の役に立っていません。現場の役に立たない理論が学会で評価されたりしています。そんなこともあり、塚口理事長と話し合っている中で、社会福祉法人が実学的な研究所を持ってもよいのではないかと考えるようになりました。その研究が、また、社会貢献になるのではないかとも思います。

博司：規模が大きくなればそのくらいのことを考えないといけないと思います。そうすると、福祉・介護ニーズのリサーチを行ったり、専門的な研究成果を現場から発信することもできます。福祉や介護の研究は現場の状況を踏まえないとなかなか実践に結び付きません。

辻尾：私も今大学で社会福祉士の養成に携わっていますが、大学の社会福祉学や介護福祉学は現場の状況から遊離しすぎているのではないかと思うことがあります。社会福祉法人が研究所を持つことは面白いと思います。

周作：日本で今慌てているのは人材確保の問題です。本当は、介護の技術の論議や海外の先進国との比較なりの話が出てこないといけませんが、人材が不足しているので、この確保をどのようにするか、私個人としては勉強をしているところです。具体的には、技能実習生の受け入れ方などです。ＥＰＡでは、名目は外国人の技能を高めるために日本に来て実習をし、そこで学んだことを本国に帰り活かす。技術移転が可能だと謳っていますが、日本の人手不足を埋めるためとは決して言いません。

塚口：今回の社会福祉法の改正は社会福祉法人に焦点を絞っています。ここで大事なことは、社会福祉施設・特養でサービスを受けている高齢者は、高齢者全体の10％程度です。残りの90％は、在宅で家族の介護を受けながら、自身の蓄えを消費しながら何とか生活しているという状況です。そのような高齢者に焦点を当てて、施設利用ができない高齢者の介護を将来どうするのかの視点が今回の法改正では見えません。

もう一つは、在宅で介護支援を受けながら高齢者の寿命、正確には平均余命と特養に入所されている高齢者の寿命を比較すると大きな差があると感じています。60歳になった人が施設サービスを利用すると平均余命は30年、40年と長いです。在宅高齢者と比べると恵まれています。例えば、空調の管理や食事は三食心配なく栄養バランスも考えられています。医師の往診や看護師の常駐など恵まれています。一方在宅者はどうかというと、寒い時は買い物にも出られなかったり、食事も簡単なものを始末して食べていたり、体調を崩しても医者にも行けないなど雲泥の差があります。周作さんともよく話すのですが、社会福祉法人の体制をもっともっと強化して、在宅高齢者の生活支援ができるようにしないと、２０２５年以降はたくさんの介護難民が生まれるのではないかと憂慮しています。

周作：塚口さんが言われたように、このままでは日本の高齢者介護はお先真っ暗です。研究者はどんな方向を示そうとしているのか、業界団体は各法人から集めた高い会費で高級クラブを飲み歩いているなど話になりません。

特養は、全国津々浦々に建設され、介護に携わる職員は何十万人にもなります。この資源を施設利用者だけでなく在宅の高齢者の介護や生活支援に向けたら今よりも展望が開けるのではないかと考えています。そのための条件が必要です。現状は、施設サービス利用者に対応するにも人材が足りません。このままではとても在宅高齢者へは手が回りません。国は思い切って、介護人材を大幅に増やし、施設、在宅どちらの高齢者にも対応できる体制を整えるべきだと思います。ケチな根性で、剰余金を使って地域貢献しなさいなどとしみったれたことでごまかそうとしていては２０２５年以降を乗り切れないと思います。

介護人材を増やすための施策とは

塚口：介護支援は人がやるもの、なのにその人の確保が大変難しい状況です。問題は、この人材確保が個々の社会福祉法人に委ねられていることだと思います。

社会福祉法が新しく制定されたとき、市町村は必ず市町村地域福祉計画を策定するよう義務付けられました。その地域福祉計画では、高齢者の動向に対応したサービス提供の方策を計画化しなければならなくなっていますが、問題は人材です。様々な業界で人材不足が起きていますが介護もその典型分野です。

周作：人材は、景気が悪い時には介護に来てくれますが、景気が良くなると介護には来なくなります。介護は以前３Ｋ・４Ｋ職場などとマスコミに喧伝されて一層人が来なくなりました。そういう意味ではマスコミの報道の影響は大きいと思います。介護は人の生き方を援助する仕事だと思います。給料だけの問題ではない、その仕事の意義を深く理解し、その仕事にやりがいを感じてこそ勤まる仕事です。マスコミは、超高齢化の問題を、どちらかというとマイナスイメージで報道していますが、そうではなく、超高齢化社会を称えられる、しかもその社会を下支えする介護がいかに大切な意義深い仕事であるかを報道すべきです。社会にそういう風潮が生まれれば、介護職により多くの関心が向くと思います。

勝則：介護人材は量の問題と質の問題があるのではないですか。量を確保するのが困難な場合は質の低下を招きます。今、ＥＰＡや外国人技能実習機構などを通して外国から人材を受け入れていますが、これなども、国がもっともっとバックアップしないと「焼け石に水」になりかねません。特に、外国から介護職に就くために日本にやってくる人たちに国が安い費用で日本語教育を実施するなど対応が必要です。

塚口：アメリカのナーシングホームで働く介護職員の70％くらいがヒスパニックの人たちで英語が通じません。だからコミュニケーションが取れません。そのような状況をつくらないということで日本は厳格にやっていますが、これでは追いつかないと思います。

周作：私の法人でもベトナムからの職員を受け入れています。N３(註)の資格を持っていますが日本語はまだまだです。要介護度が重い人は日本語でコミュニケーションをとる場面が少ないです。しかし、日本語に慣れてもらうためには１週間に１回デイサービスを手伝ってもらっています。

(註) N3とは、日本語の習熟度で、N1の最高からN5の最低ランクまである。

勝則：言語トレーニングのためにはそれはいいでしょうね。ほんとうに日本語は難しいです。もしかすると取り残される可能性すらあります。イノベーションを起こしてサービスの多くのところにロボットやＡＩなどの活用で、今まで10人で当たっていた仕事を９人でやれるようになると１割削減になるわけです。これは凄いことですよ。

スーパーホテルのお客は女性が６割です。経営方針として効率性を考え、受付に人を置かずにロボットでやろうと提案しました。それを申請したところ役所からかなり怒られました。旅館法というものがあって宿泊者台帳に自筆で記入しなければならないということです。コンピュータでやるのも駄目みたいで、ネットでの申し込みや顔認証でやるのも却下されました。何か新しいことをしようと思うと、こうした障害が立ちふさがるのです。介護技術の革新を進めようとすると必ず、これは人がやらないと介護報酬は出せませんよといったことが起きると思います。その壁を破らないと前進はありません。

周作：厚労省の裏にある思想は何だと思いますか。質の高いサービスは必要ないと思っているのですかね。要支援や要介護１のところに力を入れれば重い介護状態になるのを防げます。そのことは、高齢者にとっても良いし介護財政にとっても良いと思うのですが。ここに力を入れないで介護状態を重くしてサービスを提供しようとしているように感じます。こういう施策はどうも理解できないですね。

塚口：介護保険の保険者は市町村なのに市町村の意見を聞かないで、厚労省が全部采配しています。全国市町村会、全国市長会など地方公共団体の全国組織は8つもありますが、介護保険の運営については何も意見を言っていないのではないですか。もっと市町村の状況に合ったサービスを構築していかないと高齢者の生活実態とかけ離れていくような気がします。

周作：国は、地方創生などともっともなことを言っていますが、地方を大事にしていません。介護保険の運用がその典型です。鹿児島県の指宿も北海道の羅臼も同じメニューの同じサービスです。それぞれの地域の状況や社会資源の濃淡、気候、立地などに合ったサービスを組み立てないとそこに生活する高齢者を支援することにはならないと思います。

塚口：スウェーデンは、法律で大規模施設はすべて廃止しました。大規模施設では食事や就寝にしても時間を設定して対応せざるを得なくなり、社会福祉の根本理念であるノーマライゼーションに反するということです。大規模施設でのサービス提供はどうしても提供者主体にならざるを得ません。利用者主体にならない大規模施設を廃止し、代わって、街中にグループホームをさりげなく配置する方向に切り替えました。このグループホームのもう一つの考え方は、従来の施設福祉か在宅福祉かではなく、施設と在宅の中間どころの機能を持っているように思います。

周作：類似しているものとして、日本には小規模多機能型居宅介護があります。これには運営上二つの問題がありました。一つは、多機能は高齢者が長期にわたって宿泊してサービスを受けることはできません。家族にとっては、長く利用できないと困るという事情を抱えている。高齢者本人の希望はともかく、家族の要望としては宿泊の長期利用です。二つ目は、経営上採算がとりにくいという仕組みになっていました。ですから、小規模多機能型居宅介護が地域に根付かないのだと思います。

塚口：私が兵庫県社協に入って間もないころ、今から半世紀も前になりますが、広島県の北部地域で高齢者の移動生活を見学したことがあります。その町は中国山脈のふもとにあって、冬は大雪が降るため、山間部のお年寄りに冬場は町の中心地の高齢者ハウスに移住して生活してもらうということでした。このハウスは、高齢者が自由に利用できるということで、私はなかなか粋な施策だなと感心したのを覚えています。これなどは、グループホームの運営に大いに役立つのではないかと思います。

勝則：こうした施策には営利法人も参画できるのではないですか。

塚口：先ほどの広島県内の例などは儲けになりません。社会福祉法人は、採算は取れないけれども、どうしても手を打たなければならないところには手を差し伸べる責務を負っていると思います。その事業を市町村がバックアップする。こうしたことが必要になると思います。

〔コメント〕笹山博司

介護人材は好景気になれば減っていくことは明らかです。法的な人員換算もあり、人の取り合いになってきています。人の教育を考えず、ただ獲得し合うだけになってきているのではないかと思います。ICT導入などで生産性の向上や効率化ができるのであれば、換算要件の緩和をするべきであると考えます。

〔コメント〕辻尾朋子

ひとつの法人単位で介護人材の確保・育成をすることには限界があると思います。政府、行政、民間が協力をして人材確保・育成に取り組まなければならないと思います。早急に対応が必要な課題です。

社会福祉法人のガバナンスについて

塚口：それでは、今回の社会福祉法の一部改正に伴う諸問題について引き続き議論をしていただきたいと思います。

勝則：今回の社会福祉法改正で最も大きく変わったのは、社会福祉法人の運営体制の変化、すなわち、法人運営のガバナンス体制です。これまでは理事長と理事による理事会でそのすべての法人運営を決めていました。評議員会は諮問機関にすぎませんでした。理事は理事長に従うような者を選任し、評議員はひな壇にいる著名人という中で運営してきて30年、ようやくこの体制の問題点が分かり、社会福祉法人の重要な事項、決算事項、理事の報酬などに関しては新理事会のみならず、新評議員会の承認プロセスを踏ませる。この新たな評議員会は外部の専門家を取り込んで客観性を持たせます。初めて改正内容を見たときには、国ががんじがらめに縛って、評議員のガバナンスを変えて理事長が頑張っても評議員がダメといったらダメというようにしていくのかなと思っていましたが、実質的には違うように思えてきました。新たな評議員会は株式会社の株主総会のような位置にあり、最重要な事項、決算事項と理事長および理事の報酬等を決定する権限を持ち、これらについて、YES、NOという権限をあたえました。これまで評議員会はNOといえる機関ではなく相談相手でした。そのように法律を見ると読むことができます。しかし、法人の業務運営の本質を動かしているのは理事会であり理事で変わりありません。

周作：今回の法改正の直接の端緒はキヤノングローバル研究所の「全国の特養は押しなべて3億円の剰余金を持っている」とした発表と報道です。同研究所の研究主幹は霞が関の意向を忖度したのか、はたまた、霞が関に乗せられたのか分かりませんが、この報道の延長線上に法改正があります。この法改正で最も重視しているのが法人のガバナンスの強化です。

勝則：営利企業のガバナンスも変わってきています。取締役が業務執行に加え、執行の業務の監視役をしなければならなくなりました。今までは業務執行役＝取締役が中心で監査業務はどちらかといえば監査役に形式上やっていただくというものでした。それに取締役が統括執行役とか担当執行役を監視し、執行役の長は社長であり、それを監視するのが取締役であり取締役会です。

　公益法人では、昔から評議員会という制度がありました。社会福祉法人でいうと、改正前の評議員会は諮問機関であったが、改正後は法人の最高議決機関に位置付けられました。そして評議員会は理事や監事の選任権を持ちました。これは、理事がお互いになれ合いで選任しあうのではないという牽制機能を持たせたということだと思います。

周作：社会福祉法人のガバナンスについては、法改正や厚労省からの通知を通して何度も試みられましたが成功したとは言い難いです。その原因をもっと追求する必要があるのではないかと思います。この件に関して、私からいくつかの問題を提起したいです。その一つは、社会福祉法人は大きな社会的任務を持ちながら、その理事や監事、評議員は無報酬で当たれというやり方できました。無報酬は「責任はほどほどでいいよ」ということと裏腹です。これでは無報酬なみの責任の取り方でよいということです。今回の改正では、報酬を出すことが認められましたが、これとて公表し、監督官庁は監督官庁職員の給与水準よりうんと低位に位置づけようとするでしょう。本当は行政職員の給与こそ公表すべきと思っていますが、何かこそこそと姑息に様々な規制がかかるのではないですか。二つには、理事や監事、評議員の選任はなれ合いで行われてきました。今回の法改正では、評議員の選任、理事・監事の選任は厳格になりましたが、なれ合いは払拭されましたか。されていないように思います。何が言いたいかといいますと、形を作れば問題が解消されると考える思考の単純さを指摘したいと思います。

塚口：厳しい指摘がありましたが、監督官庁の社会福祉法人に対する監査について付言すると、その監査は「指導監査」でなければなりません。指導監査とは、社会福祉法人が抱える問題を一緒になって考え、打開策を出していくものでなければならないと考えます。監査にその視点は全く欠落しています。監査マニュアルに沿って機械的に欠陥を検事のように指摘するだけです。こんなやり方で、監査を受ける側は心服するでしょうか。しません。面従腹背です。こんなやり方を何年繰り返しても事態はよくなりません。

　ガバナンスとは、官民が同じ視点を持ち、共同で築きあげるものでなければなりません。

勝則：おっしゃる通りだと思います。内部で適切に牽制しあう体制は、イエスマンばかりを選任してはだめだということです。理事長の言うことをそのまま鵜呑みにするような理事ばかりだと牽制機能は働きません。理事長や業務執行理事の言い分を十分聞き、それを支持するかストップをかけるか客観的に判断できる評議員が必要です。

塚口：このガバナンスの強化は理事長はじめ理事会が本当にその気にならないと進みません。しかし、なれ合い体制は継続している中で、どのようにこれは進むとお考えですか。

勝則：法人経営の基底が崩れているところにはガバナンスはできませんね。基底とは、文字通り、根底の部分です。健全な財政、相互牽制が効く組織、役職員の使命感の高さなどだと思います。社会福祉法人は、このどれもが不確かなところが多いのではないですか。ガバナンスの強化とはその基底をしっかり固めるような経営に導きなさいというシグナルだといえます。

周作：基底部分が非常に弱い社会福祉法人はたくさんあります。ここが弱いと質の高いサービスは提供できなくなります。良質なサービスが提供できなければ、そこは将来淘汰されることになります。どんな淘汰のされ方になるか、解体か基底部分がしっかりした法人への吸収合併です。私はこの基底部分を強めるような経営を目指しています。

塚口：経営状況が危ないという判断は誰がするのですか。

勝則：本来、県および市の役人で社会福祉法人等の検査を担当している部署の担当者およびその責任者が検査過程で発見し、注意勧告すべきでしょう。それは、社会福祉法人の監事ではないと思います。公認会計士や税理士、銀行が見たらわかりますよ。ここの社会福祉法人が危ないと評議員に伝える仕組みが必要ですね。そこで、一定規模以上（平成29年4月より、30億円以上の収入を持つ法人）の社会福祉法人に、公認会計士による監査が義務付けられました。

周作：危ないと伝えるのは難しいですね。

勝則：ただ、公認会計士の監査の結果、「継続企業の問題」と記載したら銀行はすぐに貸付を引き上げます。そうするとその場で潰れることになります。

周作：福祉医療機構から今までは借りていたけれど、銀行の金利が安いから、そちらに切り替えた法人が多いです。いずれにしても借金まみれでも経営できます。その場合、人件費を絞るか食費を絞るか新しい物品は買わないということになり、質の低下が起こります。仮にこんなやり方に陥ったとすると社会がそれを許しますかね。

塚口：経営のガバナンスの論議をしていますが、その中心になる役員があまり勉強しないですね。ある法人では、今回の法改正の中身や法人運営がどのように変わっていくのかという勉強会を一度も開いていないし、勉強もさせていないところがありました。

勝則：最上のガバナンスを築こうと思ったら経営者がもっと賢くならないといけないですね。ひょっとして、経営者資格といったものを設ける必要があるのではないかとも思います。

周作：私は正直、経営者としてのモチベーションが落ちました。この20年間我慢して頑張って汗をかいてきたことを厚労省はわかっていません。経営者は施設を増やしていくこと、介護の質を上げていくことにモチベーションがあります。福祉充実残高があれば借金してまで地域貢献をしろと法律に規定しました。法律で規定しなければならないほど社会福祉法人が信用できないのかと思いました。経営者は本来わがままです。それさえ一切認められないとなると余計なことはしなくてよいということになります。新しいサービス改革、顧客満足を得るための様々な試みなど、もうどうでもよいではないかと思わせるような法改正です。

塚口：今の介護保険事業を延長させるだけでは、近い将来必ず多くの介護難民を生じさせます。そのための施策は、厚労省の皆さんの頭だけでは、良いものができません。なぜなら、先ほどの周作さんの意見にあるように、現場の工夫や発想を汲み取っていないからです。まさに現場を預かる社会福祉法人と市町村、厚労省が一体となって知恵を絞る機会を早く設定し進めることが必要だと思います。

〔コメント〕笹山博司

どの業界でもガバナンスは大事であると思います。ただ、日本においてガバナンスの使い方がうまく機能していないのではないかと思います。締め付けることでしかガバナンスの安定化はできないと考えるところは多いのではないでしょうか。果たして本当にそうなのか。いろんな角度から検証していくことです。ガバナンス問題はいつの時代でも本当に難しいと思います。

〔コメント〕辻尾朋子

ガバナンスの強化によって、利用者満足度やサービスの質の向上、経営状態の改善、働きやすい環境整備などを期待します。一方では、システムが変わっただけでよい循環が生まれるか心配です。動向を見守りたいと思います。

職員のモチベーションを上げる様々な試み

塚口：社会福祉法人で働く職員の待遇は決して十分とは言えないと思います。しかし、この処遇状態を将来も継続させてはならないと思います。この処遇の引き上げがモチベーションを高める大きな要素ですが、その一方で、人の生きざまを、その人に寄り添って支援していく仕事は、やりがいが伴わないと成り立ちません。法の改正や制度施策の改編ではぜひこうした事柄を組み込んでいただきたいものです。

　さて、周作さんは、前者はもちろんのこと後者の問題についても長年にわたって苦心されてきました。その一つが各種コンテスト、コンクールへ職員を挑戦させる試みです。その二つは、挑戦させた成果を取り込んで、自らがコンテストを企画し実施する事業を立ち上げてきたことです。それらについて披歴していただきたいと思います。

　まず、オールジャパンケアコンテストへの参加です。これはどんな思いで職員を参加させようと思われたのですか。

周作：オールジャパンケアコンテストは、鳥取県の社会福祉法人こうほうえんが主管して実行委員会を結成し、全国の介護保険事業者に呼び掛けて毎年1回鳥取県で開催している行事です。私の法人は第2回のコンテストから参加しました。介護に関わるいろいろなテーマを掲げて介護技術を競うコンテストです。県外の他の法人の職員と競うのです。社会福祉法人ささゆり会では、もちろん、法人内で技術を磨く試みを実施していますが、このコンテストでは舞台が大掛かりです。そこで最優秀賞を取るなど何回も入賞してきました。この参加を通して職員の介護技術は一段と上達しました。

オールジャパンケア
コンテスト入賞者

オールジャパンケア
コンテストの競技風景

オールジャパンケア
コンテストの競技風景

何回か参加、入賞を繰り返した結果、今度は自分たちでコンテストを開催しようということになりました。本当は全県を対象としたケアコンテストを開こうと考えたのですが、ちょっとオコガマシイかなと思い、播磨ケアコンテストと対象地域を播磨地域に絞りました。今回（平成29年）で3回目になります。

こうした試みを通して職員は介護技術に自信を持つようになりますし、この自信が日々の仕事のモチベーションを高めることになったのではないかと考えています。インテルの元会長のアンドリュー・S・グローブは「競争こそモチベーションを高める」といっていますが、その通りかもしれませんね。

施設サービスのうち、食事は高齢者が最も期待するものです。栄養価の計算や健康食志向はもちろん大切ですが、美味しいかそうでないかは最大の関心事です。次は、料理コンテストを企画してみたいと考えています。

塚口：これだけではなく、ＱＣサークルチャンピオン大会イン兵庫にも職員グループを参加させ兵庫県知事賞も勝ち取っておられます。私も昨年の大会を見学したのですが、大企業のＱＣサークルと互角に戦って入賞するなど素晴らしいと思いました。

周作：ささゆり会の施設では、様々な試みにチャレンジして対人援助の腕を磨いてきております。こうした大会などで入賞することは、大企業と競う、しかも自分たちのサークルが入賞することは大きな自信につながります。私も鼻が高いです。

私は、施設経営の要諦として地域といかに強いつながりをもつかに腐心しております。施設はそのサービスを含めて地域から信頼を寄せられる存在でなければならないと思っています。そのための一環として、地域の高齢者をお招きして、ご馳走も奮発して敬老会を開いたり、クリスマス会をしたりしています。それだけではなく、将来は地域社会に対してボランティア活動なども行えたらと考えたりしています。

勝則：地域社会でのボランティア活動は大切です。アメリカの企業は、必ずその企業がある地域でボランティア活動を行っています。少年ベースボールの指導をしたり、サッカーの指導をしたり、何々教室を定期的に開いたりと盛んです。企業は地域とともにある、という意識なのだと思います。日本の企業の僅かな寄付金を出してお仕舞というのとは違います。

クリスマス会風景

敬老会風景

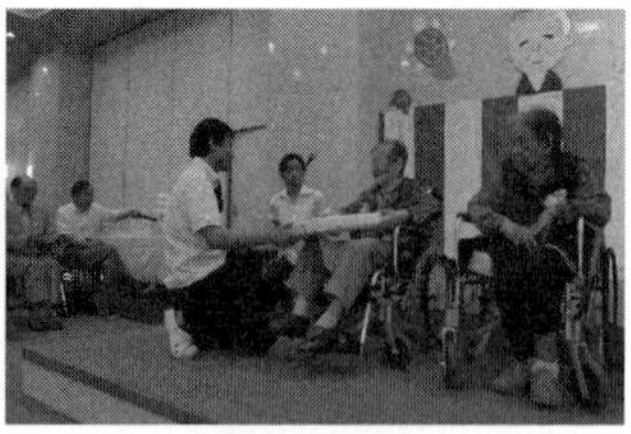

敬老会風景

塚口：長時間にわたって社会福祉法人の経営問題、人材確保・人材育成、経営リーダーとしての要件など多義にわたって議論していただきました。このたびは勝則さんにも参加いただき広域的な論議になりましたことも、この内容を豊かにしたと思っています。

この編集には、笹山博司君と辻尾朋子さんに当たっていただきました。随所に、編者の立場からコメントをいただきました。感謝を申し上げ、この鼎談を終わります。

笹山周作・勝則兄弟　編

第二部　対談者（鼎談者）からのコメント

シリーズ第2弾として社会福祉法人ささゆり会創設者の笹山周作氏を取り上げた。同時に、周作氏の弟の笹山勝則氏に加わっていただいた。勝則氏は公認会計士として国内の大企業はもちろん、海外企業の財務アドバイザーとして活躍されていた経験を踏まえご意見を頂戴したい思いもあった。

この鼎談は、２００４（平成16）年11月17日に、ささゆり会法人本部会議室で行い、その内容を収録したものである。

周作氏と知り合ったのは小室豊允ゼミだった。小室豊允先生は大阪府立社会事業短大の講師から姫路獨協大学（教授）に移られ、後には学長になられた。今から20年前の兵庫県知事選に立候補され、その後県政を長期にわたって担う井戸敏三候補に敗れ姫路獨協大学も辞任された。知事選に敗れるまでは、小室先生の周りには多くの兵庫県幹部職員をはじめ県内の社会福祉関係者が屯《たむろ》していたが、知事選敗戦と同時に蜂の子が散るように小室先生の周辺から姿を消した。見事なものである。小室先生には、伊田宏県議（兵庫県議会の重鎮、議長まで務めた）の後ろ盾があったことも大きかったが、知事選敗戦は小室先生のその後を大きく変えることになった。

まず、兵庫県庁幹部が去ったこと、同じように県内の社会福祉関係者が去っていった。そうした中で、笹山周作氏は小室先生のゼミに残り、精神的に小室先生を支えた一人である。ＮＰＯ法人福祉サービス経営調査会の当初のメンバーは小室ゼミの支え手達であった。

さて、先達としての笹山周作氏についてコメントしてみたい。

〈複眼でものを観る〉

笹山周作氏は社会福祉事業の「二刀流」経営者ではないかと筆者は表現したが、視点を変えれば、複眼で社会を見ているのではないかと思える。筆者が兵庫県社協にいたころ、初代会長であった朝倉斯道さんから、専門家はある物事に専念するため他のことが見られなくなる。いわゆる、単眼視点である。社会福祉の専門家は、（専門部分は単眼であろうが）社会の動きを複眼で見て判断し、自らの仕事の位置を見定めておくことが必要である、と教わった記憶がある。「森を見て木も見る」視点を教わったと思っている。

笹山周作氏は、大変な読書家である。書物の傾向は著名な経済学者や起業家などの著書が多いように筆者はみているが、組織論なども関心が深いように思う。

社会福祉法人ささゆり会ではＱＣ活動を奨励している。この活動は営利企業におけるＱＣ活動などとのコンクールに毎年出場し、このコンクールでたびたび優勝している。周作氏の強い奨励がささゆり会内で多くのサークルを生み出し、介護福祉サービス現場の諸課題の解消に挑戦している。この指導は周作氏であり、同氏の隠れた側面の一つといえよう。

〈即断即決〉

経営者は巡りくる機会（チャンス）を機敏に捉える感覚が要求される。多くの場合、これがチャンスということに気づかない。だからそのチャンスを見逃すことが多い。チャンスに鈍感だと、そのことだけで経営者は失格といえる、と周作氏は考えているように思える。

外国人介護職員の確保戦略にもそれがよく現れている。２０１４（平成26）年にＮＰＯ法人福祉サービス経営調査会では人材確保の可能性をベトナムに求め調査団を派遣した。その時の団長が周作氏だった。当時、このＮＰＯ法人の理事長は筆者であった。周作氏は筆者が団長で行くことが当然だと思っておられたようですが、私が団長で行けば何の成果もあげられずに帰ってくるだろうと自己判断していたので、周作氏に団長をお願いした。周作氏はベトナムでの人材事情を調査し、人材の招聘についても具体的に道筋をつけてこられた。さすが実業界で鍛えられた感と即断ではなかったかと思える。

社会福祉法人ささゆり会は、数年前、事業を東京都に広げることを理事会で決定し、そのために奮闘した。しかし結果は思わしくなく幾つかの区でも選考されなかった。周作氏は、数回の挑戦の後、東京進出を断念した。もし仮に、どこかに選考されていたら、今頃はコロナ禍に加え介護人材の募集に悪戦苦闘していただろうと推理する。進出断念の決断は、ささゆり会を救った。

〈表に出ないこと〉

ささゆり会の経営で表に出ないことが重要な時がある。それは、周作氏の実弟、笹山勝則氏の助言である。第一部の文中の鼎談でも読み取ることができるが、勝則氏の国際感覚の豊かさ、財務における専門家としての知見、そして決して表に出ない謙虚な助言などである。人材導入をベトナム一辺倒でなく、インドネシアに広げた裏には勝則氏の助言があったものと思う。勝則氏が他界されたことは誠に残念なことであった。筆者としてもお礼を申し上げご冥福をお祈りしたい。

〈自己の法人にとどめない〉

周作氏は、介護技術コンテスト、料理コンテストを企画し実行している。介護技術コンテストは、単に介護技術の腕を競うだけでなく、利用者の尊厳を守り、最大限利用者の意向に添った介護とは何かという介護福祉理念も審査の対象にした大変有意義な催しである。自らの法人で磨き上げた考えや技術を広く他の法人の参考に資する姿勢には感服する。

〈面倒は最後まで見る〉

周作氏は、毎週土曜日の午前、外国人介護職員（現在は、ベトナム人）に向けて介護福祉士国家試験受験対策講座を開いている。もちろんボランティアである。これをずっと継続しているから大したものである。今年度のベトナム人介護士の受験者は13人、合格者は11人であった。外国人介護職員を受け入れ職場に配置して、それで「一巻の終わり」ではない。ここが学ぶべきポイントではなかろうか。

さらに加えれば、法人の事業所で働く職員の福利厚生には並々ならぬ力を入れている。周作氏が職員への福利厚生に力を入れている状況は、残念ながら職員に評価されているとは言いにくい。なぜか、福利厚生の給付は今ではなくずっと先のことが多い。職員は目先のことは分かりやすいが、先のことは実感として理解しにくい。このことは職員にわかってもらうことが必要だと思うが、分からせるための努力は絶対に必要である。特に、外国人職員はなかなか先のことに価値を認めない。価値を認めがたいとその福利厚生事業の充実が職員のモチベーションを高めることに結びつかない。職員に対する福利厚生事業の充実とその意義を理解させることは同時的に進めることが大事だと改めて考えさせられることである。

〈人の3倍の仕事をする人はワンマンになりやすい〉

周作氏と7年以上にわたり仕事をしてきた。その体験から見ると周作氏は普通の人の3倍の仕事をされる。まさに猛烈ビジネスマンである。こうした経営者は部下の仕事のやり方にイライラしやすい。部下が早くかつ正確に仕事をこなさないと気に入らない。周作氏に付いていく職員は大変である。生真面目で気が弱いとダウンしかねない。仕事師は自分のペースに合わないと満足しない。法人本部長まではこれでやって行けたかもしれないが、理事長になるとヨタヨタと付いてくる部下を辛抱強く待つ忍耐が要求されると考える。そうでないと自身の健康保持や多面的な事業所の経営に対応できなくなる。これからの仕事はチームワークで進めていく路線を踏み外してしまう。

京セラ創業者の稲盛和夫氏は、自らが主催する経営塾「稲盛塾」で次のような発言をされている。即ち、京セラ創業時、一流大学を出た連中は、次々と雇用条件の良い企業に転職していった。結局、京セラを支え今日の姿にしたのは、二流三流大学を出た出来の悪い（当時はそう思っていた）連中のコツコツと積み上げた努力の成果であった、と述懐されていた。私もこの話を聞き部下を見る目が変わったのを自覚した。周作氏に説教がましいコメントをしたのは、筆者自身の過去の悔悟を含んでいるのである。

周作氏には長く頑張ってほしい。そのためには、年齢に従って仕事のやり方を変えてほしい。健康第一に。

西川全彦・八寿子　編

第一部　対談（鼎談）

（写真左から）西川八寿子氏・西川全彦氏

生い立ちと福祉の道に入ったきっかけ

塚口：最初に、全彦さんの人となりを知りたいと思います。その前に、今回は全彦さんの奥さんの西川八寿子さん（以下「八寿子」さん）にも加わっていただいて私と3人での鼎談という形で進めたいと思います。最初は、全彦さんの生い立ちなどについてお話をいただきたいと思います。

西川：私は、兵庫県印南郡（昭和51年からは加古川市）志方町で二代続いた靴下メリヤス業の家庭に生まれました。昭和20年2月に父 松本武雄、母 かつらの5人兄弟の年の離れた末子として育ちました。その家業も年々逼塞し、二十数年前に廃業しております。19歳年長の兄が私の名付け親です。歳の離れた兄弟は4人とも今では他界しました。

［注］「昭和二十七年の話になるが、三島由紀夫は春先に大阪方面に出かけたとき、茨木市にある作家 富士正晴宅を訪問した。（中略）三島が富士と談笑しているところへたまたまある文学青年が訪ねてきた。富士が『三島君、君と同郷の男が来たよ』と青年を紹介すると、三島は嫌なものを見たかのように眉をひそめてさっと立ち上がり、一言も発することなく帰ってしまった。かつての文学青年、いま志方町で家業のメリヤス工場を継いでいる松本光明【長兄】は、『まるで私の存在が厭わしいかのようでした』と憮然と振り返るのである」猪瀬直樹著 『ペルソナ』三島由紀夫伝より

父親は、喧嘩っ早い人でしたが、世界の王貞治氏が早稲田実業高校の投手として選抜高校野球大会に出場した時に、甲子園球場まで野球観戦に連れて行ってくれたこともありました。母親は、私を慈しんでくれ、怒ることはほとんどなかった人でしたが、事業がうまくいかなくなってからは、お嬢さん育ちのか細い体で、内職を黙々として

塚口伍喜夫氏

白鳥保育園

おりました。今思い出すと大変苦労をかけたと思っています。

私は、地元の小・中学校から、家業が芳しくない中でも大学まで進学させてくれ、卒業後は製鉄所や電力会社の重電設備工事に携わる大洋興業に入社し、短期間の間に、山口県光営業所、姫路本社、東京事務所に勤務していた時期に、長女と次女が生まれ、徐々に自分自身の人生というものを深く考えるようになり、同社を退職しました。

一人っ子の妻 八寿子とは、昭和46年に結婚し、私は西川家の養子となりました。昭和48年に義祖母が亡くなり、今は亡き義母が白鳥保育園の施設長を引き継いだ直後でもあり、財務の事務処理が不案内ではありましたが、保育園を手伝うことになりました。

最初、白鳥保育園に勤務した時には、私を含めて10人ほどの職員数であり、また女性ばかりで私と施設長の姑である母親とは、上手く人間関係ができるのか心配しました。

しかし、施設長の義母が私を頼ってくれたこともあり、職場では順調に滑り出しました。

姫路市役所のことに触れたいと思います。40年以上前は、姫路西校（旧制姫路中学）出身者が中枢で、戦後から今の市長まですべて同校出身者であり、そして城下町らしく保守傾向も強く、この地の生まれでもなく地元に縁もない中、昭和49年（29歳）より白鳥保育園に事務職として携わり、2年後昭和51年4月（31歳）、飾西に、当時、多少紆余曲折もありましたが、施設整備の上、設置した白鳥南保育園の施設長に就任し、現在に至っております。

塚口：義母さんとの関係はうまくいっていたのですね。

全彦：義母は、私の施設運営・経営について、口を挟むことはなく、自主性を重んじてくれたので案外しやすく、あまり、軋轢を生じることはなかったと思っております。

塚口：福祉の世界に入ったきっかけは八寿子さんなんですね。なれそめを教えてください。

八寿子：お見合いです。保育園を運営されていた野喜和歌子さんの紹介で出会いました。家に行くと多くのお見合い写真が積み重ねてあり、「この人どう」というような感じでした。昔はこういうことが好きな方がいました。私の祖母が話を進めてきて、21歳の素直な私はその流れに身をまかせました。野喜園長はいろんな方に紹介しておられたので、私が行った時も先客がありました。そのスーツ姿の男性を見て私は、ニコッと笑って愛想良くしてたら、何と私の相手は、その人ではなく白いワイシャツを着て下駄をはいてやってきた人でした。

塚口：下駄をはいて行かれたのですか。こういうところが全彦さんらしいですね。

全彦：覚えていないです。

八寿子：それでも縁があったのでしょうね。

全彦：48年前のことですね。

塚口：もう金婚式ですね。西川さんはうわさとか、批判とかあまり気にしない方でしょ。

八寿子：そうですね。わりと楽天的な感じですね。

塚口：八寿子さんがカバーしないといけないところは多いかもしれません。仕方ないですね。

八寿子：21歳の何も知らない時で、親の言う通りでしたね。親の言うことが一番で、間違いがないだろうと思っていたので。

塚口：時々、八寿子さんの存在を感じる時があります。やっぱり全彦さんでも八寿子さんには頭が上がらないんだろうなと思います。それが良いところかもしれないです。

政治との関わり

塚口：保育園や特養の経営を現在されていますが、西川さんから受ける印象は、社会福祉法人の経営者であって、政治をうまく活用されていると思います。県下広しと言えどもそのような人はめったにいないです。初めにそのあたりのことをお聞きしたいとおもいます。

八寿子：昔から福祉と政治は切り離せないと言っていました。

全彦：政治と関わりを持つきっかけは、当時の姫路市長の吉田豊信さん（元兵庫県出納長、元自治省官僚）に数回も陳情に行った際、保育行政は国の機関委任事務だといわれ、市単独助成については消極的で、門前払いされたことです。機関委任事務だから国からの委任で動いているものだから、私たちが動き助成金を出す必要がないと考えられていたのだと思いますが、そのようなことでは駄目だと思いました。

地方では、いろいろな政策決定も法律の改正もすべて政治で決まります。そのことを考えても政治にコミットメントしていかないと、私たちの果実は取れないだろうなと思いました。当時は、隣の保育所と２㎞離れておかないと保育所が立てられないとなっていました。２㎞以内に入る時は、近隣の保育園の同意がいりました。今はないですが当時通達がありました。

今も存命ですが、その方が、小学校ができる傍に作る、それは７００m。それについては、抗議しましたが、政治にくっついている人は当時市会議員で、親分が姫路市の市議会を牛耳っていました。陳情に行ったら親分にゴマすっているのが見るからにわかりました。通知・通達があっても力の強い政治家がその問題に介在するとひっくり返るということを30代初めに経験から学びました。そのようなことに負けてなるものかという気持ちもありました。私は加古川からきたので、よそ者だと。彼らは姫路の地元で生まれ育ち私より20歳ぐらい年上で、そのような方がおられたので、政治を頑張らないといけないという反面教師になりました。いろいろなことをその時勉強させてもらいました。

塚口：そのようなことがあって、政治とコミットメントしないと保育も社会福祉もよくならないと思われたのは全彦さん1人だったのじゃないですか？

全彦：とりあえず1人でした。それを主張し続けてきましたが今でも政治にコミットする団体長はいないですね。気が弱いのかもしれないです。

塚口：コミットするというよりも、そのような意識がないのかもしれません。

全彦：そうですね。意識がないのかもしれません。これからどんどん少子高齢化が進み、医療費と介護保険は減らされるのに危機感がないのとおなじですね。

塚口：加古川から婿養子で姫路に来られて、ご主人がこのような意識を持っておられたことについて八寿子さんはどのように思われていましたか。

八寿子：姫路市内の園長のなかで、良いことだと賛同いただける方がある一方、その意見に大きな反発の意思を表す方もいらっしゃいました。今のままでよいという保守的な方が多いところで、どうしたらよいのか当時の私は複雑な心境でした。

塚口：現在は何代目にあたりますか？

八寿子：私の祖母がはじめたので、3代目になります。家の前のところをその人に譲って、自分たちは六角の方に出てこようということになりました。そのようなことがあるのに、そちらの方が……。私の母がそのことにとても悩んで、悔しくて自殺したいとまで言っていました。その時に市会議長がやって来て言ったことは、「それはしてはいけない事だとわかっている。1回だけ大目に見てくれ。次回からそのようなことがないようにする」。そのようなことを平気で言ってくるのです。母はまた悩むわけです。その姿を主人は見て、相手が市会議員だったから今回のような扱いを受けたと感じたようです。そのような辛いことがいっぱいあって、政治と関わりを持っておかないといけないと強く感じたのだと思います。

塚口：もしかしたらそのような風土があるのかもしれないですね。

全彦さんはその後市長選にずっと関わって来られました。そのいきさつを教えてください。

全彦：昭和57年に吉田市長が辞めると言われ、千載一遇のチャンスだと思いました。昭和58年の4月が選挙でした。昭和57年の5月に後援会の初会合の前に、若葉保育園の笹川さんのお父さんがその時の市長になられた戸谷さんと姫路中学校の同級生でした。5月の連休に戸谷さんが来るから家に来ないかと誘われ、行きました。それが姫路に来て2～3年過ぎた頃です。5月5日ごろから翌年の4月まで応援しました。

塚口：応援は後援会のようなものを立ち上げられたのですか。

全彦：後援会は立ち上げないで、姫路信用金庫の後援会の初会合に行き、ゴルフ場の社長と今度私たちが神姫バスの転回所のところに事務所を借りようと、神姫バスの当時の会長が戸谷さんの後援会長になることが決まっていたこともあり、その時は無料で1年間貸していただき、事務所のお金はゴルフ場の社長が出しました。

注）戸谷さん…県の土木部長・副知事。坂井知事の勧めもあって姫路市の市長に立候補されました。姫路獨協大学を作られました。大成建設の人から獨協大学の人を紹介されました。藤田まことさんのいとこ。

塚口：その時の後援会には、西川さん個人として参加されたのですか。

全彦：一運動員としてです。まだ姫路に来て6、7年の若僧です。後援会長なんてできません。しかし、保育園の団体が活動に賛同してくれました。最終的には県立武道館（昔：厚生会館1万３０００人収容）の集会の時に、今だったら批判されるかもしれませんが、保育士１５０人を出しました。それが選挙運動の大きな第一歩になりました。

塚口：その時が政治に本格的に関わりはじめた時だったのですね。

全彦：そうですね。昭和57年です。選挙は昭和58年です。延べ60か所ぐらい個人の家で個人演説会を設定しました。その当時は若かったのでエネルギーがありました。

塚口：その時、八寿子さんはどのようにされていたのですか。

八寿子：私も一所懸命手伝いました。仲の良い園や西川と気が合うところに声をかけたり、私も知り合いの保育士に声をかけたりしながら、今だったら大きな声で言えないですね。

塚口：私の知っている人で政治に関わっている人の奥さんは、横を向いておられるケースが多いですね。私は関わらない、主人の道楽ですと言って関わられていない人が多いですが、西川さんのところは夫唱婦随ですね。

八寿子：あの時はあれで楽しかったという思い出です。

塚口：それで戸谷さんが当選された。戸谷さんが当選されて、西川さんは姫路の福祉業界で戸谷さんの当選に最も貢献があったと評価されたのですね。

全彦：その当時は、市内に特養ホームの施設が2つぐらいでした。昭和61年に衆議院選挙がありました。現在は、峰相・白鳥・青山小学校区に分割されていますが一つの白鳥校区でした。そこの連合自治会長が南保育園を建てる時に随分世話になった方で、その人が石見元秀元市長のつながりで、松本十郎氏を応援していると言われ、2～3回、応援演説をしてまわりました。姫路市の園長会長就任と同時に兵庫県保育所連盟副会長になり、同時に日本保育協会の兵庫県支部長という立場になり、自民党本部に陳情に行っても松本十郎代議士と会うことはなく、戸井田三郎さんには何回か会いました。姫路の西北地域は石見元市長が松本十郎氏で応援すると決められて、当時の県会議員の岩谷源治さんにも応援するように説得され、旧制龍野中学出身の河本敏夫代議士から鞍替えをさせられたということです。

松本十郎さんは福祉にとっては役に立つように思われなかったので、昭和61年7月の総選挙に、私は石見満寿太氏らに宣言し、鞍替えをして戸井田さんを応援することにしました。9月に育三会で当選祝いを開催したときに、戸井田代議士より「西川君、東京の青山の子どもの城を姫路に誘致しようと思うんだが、君はどうかね」と聞かれ、二つ返事でOKし、早速、戸谷市長に陳情し、土地の手当てを依頼し、貝原知事の初当選後、「子供の城」というような施設を姫路ばかりに誘致することに難色を示されましたが、戸井田代議士に強力に推し進めてもらい、姫路市青山に設置することが決定しました。

［注］県立こどもの館で、貝原知事を囲んで昼食会があり、建築家の安藤忠雄氏が当時の三洋電機会長 井植敏（松下幸之助氏の義甥）夫妻を誘われ出席されておりました。その数年後に三洋電機（最高売上高2兆円超）は倒産し、いみじくも戦後創業の大企業の栄枯盛衰を目のあたりにしました。

塚口：戸井田さんは何で出て来られていたのですか？
全彦：戸井田さんは、全国保育関係議員連盟の自民党のえらいさんでした。東京で保育議員連盟との懇談と言えば戸井田さんが出て来られていました。松本十郎さんは入っていませんでした。
塚口：そういうことであれば、戸井田さんに鞍替えするのもわかりますね。
八寿子：日保協などいろんな協会とのつながりがあり、保育界にとって力を持っているのは、松本さんではなく戸井田さんだということがわかりました。
塚口：私たちも政治連盟で応援しました。戸井田さんはあまり良い評判がありませんでした。利権で施設を建てている、地検が動いているなどの噂を聞きましたが、そのことは関係ないので応援しました。保育の方に力を持っておられたんですね。
全彦：昭和62年ぐらいに東京に行ったら、戸井田さんは自民党の社労部会長になっておられました。私に前年の予算のお礼を言ってほしいと事務局の人に頼まれ、最初は議員さんが少なかったのですが開始の時間には150人ぐらいになって、そこでお礼を言いました。隣の八寿子がこれも言い、あれも言いと横から言ってきて、前にいる羽田孜（のちに総理大臣になる）にも囃し立てられました。そのような経験もあります。選挙の時は一生懸命頑張りますと言ったら議員の中で拍手が起こりました。
塚口：普通政治家と対峙する時には、へいこらしますが西川さんは、それはないですね。どちらかというと、政治に動かされるというより政治を動かす。保育業界にとって必要なことは言って、選挙の時には力を発揮されています。
八寿子：票がない人は選挙で勝てないですから、選挙に出る人が上で投票する人が下ではないというあたりまえの考えです。私たちの代表という意識を強く持っているように感じます。

塚口：へつらってつながりをつくるのではないところが良いところだと思います。

八寿子：戸谷さんにかわいがってもらってから、だんだんいろんなことが広がっていったように感じます。保育士も手伝うようになりました。保育士が市長を好きだと、市長のファンになるようなことは今までなかったと思います。12月になると保育園の忘年会に市長を呼んだり、市会議員を呼んだりしていました。

全彦：会長は16年間しました。そのうち15回市長が来てくれました。

八寿子：保育士が市長と写真を撮ったり、撮った写真を家の宝物だと言っていました。今までの市長に対する印象と違うので驚きました。身近な存在になることによって、応援したいという行動に移っていったようです。

塚口：戸谷さんの後が堀川さん。堀川さんは私たちもよくわからない人だという印象があります。元警察官僚ですね。

全彦：平成6年、戸谷さん（12年間）が辞められる前年に、次の市長候補者である堀川さんを応援してくれと頼まれました。その時はそんなことはできないと突っぱねました。堀川さんとはその1週間前に会って話し合ったときに、福祉や保育のことに興味がなくその大切さが分かっていませんでした。その直後に市長から呼ばれました。2か月したら五島壮さんが出馬するという話をサンシャイン青山の田路さんが教えてくれました。堀川さんを12月から5か月間応援しました。その間に日保協の支部長会に上京した折には、母子福祉課長（現 保育課長）に伴われ、厚生省の主管外の局長室に赴くと、この度の市長選では、大学時代の同級生である堀川君の応援、よろしくと依頼されたこともあります。

八寿子：素直な方という印象があります。女性の園長もいろいろな方がいらっしゃいますが、綺麗な園長を目で追っておられました。そのような所を見て、素直だなと思いました。奥様が気さくな方でした。家のことをよくお話しされていました。息子さんの写真を見せてくださったりしました。

塚口：それでもったのかもしれませんね。西川さんの堀川さんの評価はどうでしたか?

全彦：応援しましたが、五島県議か堀川さんかの二者択一だったので、堀川さんを応援しました。余談になりますが、高岡市民センターの個人演説会の応援弁士3人（後援会長 松下寛治、元市助役 吉本亀夫、小生）は加古川中・高出身者で、姫路出身の人は誰もいませんでした。ところで、堀川さんはゼロ点でした。2期され、市長を辞められてからすぐ亡くなられました。体は大きかったが気が弱かった。結局のところ国家の高級警察官僚として上から目線なところがありました。厚生労働省の官房政策課長・厚生審議官（最終の官職は事務次官）や社会援護局施設人材課長（保育課長歴任、最終官職は内閣府審議官）等々の多くのエリート官僚を招聘して話をしてもらう時でも堀川さんはすぐに帰られ、官僚としては、ご自分の方が上だという思いがあり、田舎の市長として姫路市を代表する営業マンという思いは、さらさら持ち合わせていない人でした。

［注］堀川市長は、海部俊樹内閣総理大臣時の警察庁から出向の総理大臣秘書官、該課長は厚生省から出向の内閣官房内閣参事官の関係で、お二人は、知人であったので、課長に来姫していただいた。当時の厚生省施設人材課の年間予算額は、２３００億円、姫路市の一般会計予算額は１８００億円であり、該課長が市長に「この際、できることは前向きにお聞きしますよ」と言われたが、市長は知見がなく、担当幹部も随行させなかったため、何も返事をされなかった。

塚口：西川さんから堀川さんの評価については聞いたことがなかったので興味がありました。堀川さんの次は誰ですか？

西川：今の岩見さんです。

八寿子：今の市長とは以前からつながりがありました。保育園を手伝う前に、転勤で東京に行っていました。姫路から行くのに東京の状況が分からなかったとき、岩見さんのお兄さんが東京にいらっしゃって、住むところを紹介してくださいました。家も近所で、２年間奥さんとは毎日お話しするような関係で、出産する病院が東京から川崎の病院に変わることがあって、私の母を病院まで車で送ってくださいました。そのようなつながりが前にありました。姫路に帰って来てからはつながりもなかったのですが。

塚口：西川さんが首長戦にずっと関わってこられて、総括的にどのように評価されていますか。

全彦：戸谷さんの時は良かったです。姫路はほとんどの小学校区に幼稚園がありますが、保育園をやっているのでいろんな面で優先してくれました。堀川さんは子どもの福祉に興味がなかった。特に何かに興味があったというのはわかりません。何も考えずに市長になったのかもしれません。今の市長はお父さんがやり残したこと、姫路の駅前をどうするか。姫路の今の絵は、弟の案です。それをお兄ちゃんがしているような感じです。弟のいうことをよくきかれます。
塚口：当たりはずれはあるけれども、首長ともどこかで繋がっておかないと。
全彦：そう思いますね。
塚口：姫路の市会議員は何人か全彦さんの賛同者はいるんですか。
全彦：つかず離れず、中立の立場を保てるようにしています。上手に付き合わないと、あまり深入りしてしまうとバックマージンを取られることになってしまいます。
全彦：私たちもバッチをつけている人との付き合い方を勉強してきました。
塚口：地方政治、首長選挙にも関わって来られて、地方政治と社会福祉の関係を総括的にみてどんな意見に集約されるでしょうか。
全彦：地方政治家のトップを応援しても、目まぐるしく変わる社会福祉制度に追いつけていけていません。的確に指示ができないから役人の言うままになってしまうということが起こっています。
塚口：業界の側からみればということですね。
全彦：そうです。役人が思うままにできるということです。市長は知らないので、うまく説明すれば誤魔化すこともできると思います。役人に対して、的確に指示が出せる首長でないとダメだなと思います。
塚口：西川さんの動きを見ていて、議員の動きも含めて市町村行政の最大の柱は市民福祉、住民福祉だと思います。教育や環境、建築の問題があったりするにしても、最大の課題はそこではないかと思います。にもかかわらず、あまり関心が向いていないようですね。
全彦：市の予算で一番多く使っているのが社会福祉です。あまりにも範囲が広すぎて細分化された制度は、勉強を60代や50代で議員になっても理解できません。わからないのに、市の職員に任せ職員の言うままに操られています。平成30年度から国民保険が県に移りましたが、集金業務などある程度姫路市が関わっていかないといけないと思います。この10年、20年で制度が段々複雑になってきています。勉強していてもわからなくなります。役人も2、3年で移動がありわかる人がいない状況です。

これだけスピードを上げて改革してくるし、予算は下げないといけないし、少子高齢化で難しい時代の上に目まぐるしく制度が変わったら基礎自治体でも兵庫県庁でもわからなくなります。専門家を県単位で養成しないといけないと思います。少人数で説明してくれるゼミのようなものをした方が良いのかと思います。龍野市や篠山市など小さな自治体は専門職がいないので兵庫県でそのような人材を養成してもらうということが大事だと思います。

兵庫県保育推進連盟の立ち上げ

塚口：昭和59年～60年頃だと思いますが、貝原さんが知事に立候補する前に、助言を求めに金井会長のところによく来ておられました。その時は、兵庫県社協もお金がなく、知事選の前の年、鷲尾先生（県議会の議長などをされた。重鎮の1人）に予算をあげてもらえるように頼んだのですが、選挙の票が入らないような所に力を入れないと言われました。このことがきっかけとなって兵庫県社会福祉政治連盟を立ち上げました。その時に西川さんにいろいろ指導を受けました。政治連盟を立ち上げ、西川さんの保育推進連盟と合同で貝原さんを励ます会のようなものを明石でしました。その当時から西川さんは面白い人だなと思っていました。

その時は社協そのものが政治に関わってはいけないというのが原則ですね。政治連盟は政治結社だから兵庫県社協とは別物です。政治連盟は県の選挙管理委員会に登記をして自民党だけを応援するということで立ち上げました。2年ほど後にそれに対応するような形で社会福祉議員連盟をつくるということを鷲尾さんが言ってくれて、福祉予算が事務ベースでうまくいかない時に、議員連盟の先生方に頼んで、社会福祉議員連盟として当局に圧力をかけてもらいました。この手法は民生部が嫌がりましたが効果は大きかったです。こういう手法を学んだのは西川さんからです。

県の保育協会の会長をされて、保育推進連盟という政治結社を立ち上げられて、この時の思いなどをお聞かせください。

全彦：福祉の予算は国や県が決めるもの。政治にコミットメントしなければだめだと思いました。何もしなければ相手の

白鳥南保育園 下手野分園

良いように操られてしまいます。政治運動をしないといけません。倉敷にある橋本龍太郎氏の育龍会ができて、姫路も戸井田三郎氏の名前をとって育三会を作ろうという話になりました。

〔注〕平成2年頃、日本保育協会の会合で、市内の園長2人と上京し、議員会館の戸井田三郎事務所を訪問したところ、三郎先生は不在で、秘書の方が橋本龍太郎先生は在室されており、案内していただき、旧議員会館の議員応接室はまことに手狭であったが、倉敷市の保育園の理事長も1人おられたが、橋本先生の隣に座り、いろいろな保育のお話を聞かせていただき、意見も聞かれました。その数年後に、第82、83代の内閣総理大臣をされました。しかし、一緒に訪問した園長2人は、今は鬼籍に入っておられます。

自民党の代議士を応援するために。それを経験した後、貝原さんが知事選に出ると表明されて、私たちは育三会、その時は今みたいに小選挙区と違うので、赤穂も同じ選挙区でした。東播磨は東播磨保育推進連盟を立ち上げ、育三会と合併して兵庫県保育推進連盟ができました。別々に自民党の議員を応援していたのを知事選挙をきっかけに一緒に活動しようという流れになりました。今もそれが続いています。新年福祉のつどいなどには必ず知事と県会議員が出席し、年々私たちと親密になっています。

姫路市保育協会会長に選任される

全彦：昭和47年、戸谷さんが当選されました。その翌年、39歳で姫路市保育園長会の会長になりました。

塚口：外から来たよそ者と言われる人が、39歳の若さで園長会の会長になることにまわりの反応はどのようなものがありましたか。

八寿子：反発もありましたが、女性の方が助けてくれました。園長会でよく発言される人を味方につけていて、助けてくれました。

塚口：西川さんは大きな声で、歯に衣着せず発言されます。これは知らない人が聞くとすごいことを言われるなと驚かれます。付き合って見ると、裏表なくそのままの人柄ですね。

八寿子：付き合ってもらえればいいのですが、そこまで行かない人が言葉も汚いし、なんだ西川は、と言われる方もいます。いつも口は災いのもとよ、絶対言ったらだめよと言って忠告しているのですが。もっと品のいい言い方をしないといけないと。何度言っても治りませんね。

塚口：これが西川さんのいいところですね。

八寿子：そのように言ってくださる方も、割と多いので、それで助かっています。もし何かの時にどうですかと言われた時、私の主人は口は悪いですが、でも人を裏切ったりはしません。本当のことをズバズバ言うから嫌われますが、これが西川全彦なんですと人には言っています。

塚口：西川さんが県の保育協会の会長になられたのが39歳の時ですか。

全彦：姫路市が39歳。兵庫県は43歳の時です。
塚口：その前の保育協会の会長は尼崎の波多正響さん。それはどのような流れでなられたんですか。
全彦：波多正響さんでは駄目だと、貝原さんが知事になられたから西川さんと知事の関係で選んだ方が得策だろうと小林誠和さんや堀尚勝さんが強く推薦し選ばれました。兵庫県の保育団体として、昭和63年5月に、30歳以上離れた尼崎市の最古参の市会議員であった故波多正響会長から引き継いで、兵庫県保育協会会長（43歳）に就任しました。
　平成3年8月には、神戸市長田区の兵庫県立文化体育館で開催された故金井元彦知事の県民葬が行われ、竹下登氏ら約2700名が参列した際、福祉関係者の中で、代表して献花をさせていただきました。また、同年（平成2年・満45歳時）12月3日の天皇・皇后両陛下御主催の京都御所でのお茶会に、兵庫県保育団体の長としてご招待いただいたことは、慶弔事に関して、兵庫県より認められ、招待を受けたことによって、名実ともに兵庫県が県保育協会を認知されたと考え、これ以降30年40年と続く当該組織の後輩幹部にとっては、県庁と折衝しやすい団体になったと強く認識しました。

［注］お茶会には、関西を代表する名士が600人程招待されていた。主な招待者は、佐治敬三（大阪商工会議所会頭・サントリー会長）、福井謙一（ノーベル化学賞受賞者）、上村松篁（日本画家）、千玄室（裏千家元家元）夫妻、伊吹文明（元衆議院議長）、沢松奈生子（当時、夙川学院高校生・元プロテニス選手）各氏等。

塚口：私が初めて全彦さんに会ったのが、県の保育協会の会長になられた年の4月。若い会長だなという印象と、ずいぶん威張っている人だなと感じました。話をしたら面白い人でした。
　この時分から兵庫県保育協会は、知事にとっては怖い存在になったということですね。組織がどちらに動くかということは、知事にとっても最大の関心事、どのくらい力を入れてくれるのかも関心事。そのことを知事以下のところは忖度して動く、予算も考えるということになっていきます。
全彦：会長就任時には、兵庫県からの私立保育所（約300か園）への助成金は、電話相談事業の200万円ほどであ

青山保育園

り、1か園1万円にも満たない助成金でしたが、任期の終わる8年後には、県・市町2分の1負担の処遇改善手当助成金等々合計で、6億円ぐらいになりました。歴代知事が配慮をしてくれていました。
塚口：保育協会は最大の施設数を持っていますからね。
全彦：何かで声をあげていかないと、行政、政治家、特に地方自治体の首長は政治の長でもありますし、行政の長でもあります。選挙で選ばれるから選挙の時に頑張るしかない。それが選挙民主主義ですから。
塚口：この当時はほとんど姫路におられなかったのではないですか？
八寿子：泊まりはあまりなかったです。朝に出て夜には帰ってきていました。
塚口：大変じゃなかったですか、その時どのように支えられたのですか。
八寿子：男性の事務員がサポートしてくれて助かりました。一番体調も良かったですし、一番いい時で頂点の時だったように思います。お茶会に行った後ぐらいから、姫路の保育園の園長から、男性の妬み、足を引っ張るようなことが少しずつ広がっていったように思います。人が段々離れていくようになった、と思うようになりました。
全彦：私はよそ者、姫路市の3分の1ぐらいの保育園は、長い歴史があるお寺さんが社会福祉法人の母体です。そういうこともあったのかもしれません。
塚口：西川さんと知り合って、戸井田さんの選挙の話になって、長尾立子全社協の会長さんが応援に来られた。戸井田さんが急に亡くなって、戸井田さんにとっては、姫路で西川さんが頑張ってくれるというのは最大の安心感につながっていたと思われます。
全彦：亡くなる2、3日前に戸井田さんから「選挙頼むよ」という電話がありました。
塚口：その時の西川さんの存在、戸井田さん（厚生大臣までした人）にとって全彦さんの存在は大きかったと推測できます。
八寿子：絶対人を裏切らないし、人のためになることを一生懸命する。私が言うとダメですけど、何でみんなわかってくれないのと思いました。
塚口：自分の得になるようなことは何もしない。そんなご主人を支えるのは大変でしたね。

全彦：役をしている16年間は、施設を建てませんでした。役得だと言われることが嫌でした。役をして役得はありませんでしたが、人徳は得ました。人儲けはさせてもらいました。それが今も続いています。39歳から55歳まで何もしませんでした。ここの借金が多くなった原因です。

新たな高齢者介護事業に挑戦

塚口：保育から特養をしようと思われた動機をお聞かせください。
全彦：笹山周作さんの影響ですかね。申請が認められずＯＫが出るのに2年ぐらいかかり5億円でできる予定が14億円かかりました。
塚口：なぜ2年も申請が通らなかったのですか、選考過程を公開してもらったらどうですか。
八寿子：2回目の結果は点数化されてホームページに公開されていました。
塚口：なぜ姫路の法人ではなく、岡山県や大阪府の法人を呼んできたんですかね。挙句の果て完成年度も大幅に遅れましたね。
全彦：役人が50代から上の人は姫路市民が6～7割、神戸市は市外から来る人が3～4割。姫路市職員は４０００人くらいいて、そのうち３０００人ほどが姫路市内に住んでいます。施設が大きくなることについて妬みがあるのです。それだったら岡山の法人にしてもらった方がいい。県外だとうわさも知りません。妬みや嫉みが役人にはあったと思います。神戸市はそういうことは関係なく、よそ者が多いので公平に見ることができます。姫路は今では試験で決まるから姫路以外の人もいますが、23歳以上だったら子どもが多くいた姫路市内の人だけで採用できていました。そのような感じなので、保守的であまり先進的なことはしないように感じます。政治とは別の意味で、そのようなことが言えます。
八寿子：老人ホームが今回できたのは良かったですが、本当はもう少し前からしたかったです。

特別養護老人ホーム「あおやま」

塚口：早くしたいのに、承認がなかなか下りなかったのですね。

八寿子：出してから3回ぐらいはダメでしたけど、その10年ぐらい前から言ってたんです。私は辞めておいた方がいい、保育園だけにしておこうと言いました。姫路市の子どもたちを預かって、姫路市でするべきだと。そこまで手を広げたらわけがわからなくなります。私がずっと、反対していました。全彦から笹山周作さんがいろいろ言って来てくれていると聞いて、考えが変わってきました。今となっては、もっと早く取り組んでおけばよかったと思っています。

塚口：笹山周作さんが、姫路市内の社会福祉法人経営者の中で一番信頼されている人は、全彦さんではないかとみています。「あの人は口は悪いけど裏表がないので信頼できる。あまり細かいことに気をつかわない」と日ごろ言っておられます。全彦さんの人柄が良いからですね。

全彦：あんまり気を使っていたら、政治力が発揮できません。家では奥さんの言うことを聞かないといけませんからね。

これからの保育はどうあればよいか

全彦：企業内保育所もある程度の数できておりますが、専門家がいないので東京の保育専門の株式会社に任せています。人材をどのように採用して企業内保育所の職員にするか、誰が面接するのか、誰が人材を発掘するのか。２か所や３か所だったらできるかもしれませんが、１００か所、２００か所になったら管理することは難しいと思います。反対に私たちの認可保育所もこれから少子高齢化によって子どもが減ってくるので、地域によっては子どもがいないから定員を減らして閉鎖しないといけない状況になった頃に消費税を導入し、その翌年の4月からは3歳から5歳の幼児教育を無料にすると言われています。幼稚園が閉鎖に追い込まれます。最近のお母さんは昼食を作るのが面倒ですから、保育所だったら昼食が出ますし、預かってくれる時間が長いです。幼稚園は時間が短い。毎日になると大変です。保育園の方が1日のスケジュールが立てやすいです。保育園の方が活用されて、特に公立の幼稚園は閉鎖に追い込まれるかもしれません。姫路は公立幼稚園が三十数か所あります。

八寿子：校区には必ず幼稚園があります。20人以下の年度が3回続いたら、廃止になってしまいます。青山はありますが白鳥校区はもうありません。青山も現在15人なので、近い将来なくなることが予想されます。

塚口：今後の保育園経営の在り方も問われてくると思いますね。

八寿子：同じ青山校区で、幼稚園が15人で、保育園の4歳児が40人、5歳児が57人です。競争の部分があり、お母さんたちに選ばれる努力をしています。

塚口：この努力は大変ですね。

八寿子：この努力が親のためになっているのかと疑問に思うこともあります。
塚口：モンスターペアレントの問題はどうですか。
八寿子：たくさんいらっしゃいます。
塚口：親に対する教育が必要ではないですか。
全彦：親教育は絶対に必要だと思います。カブトムシ臭がする子どもがいます。お風呂に入れてもらっていない状態で体臭が匂う状態です。
八寿子：その子が、顔色が真っ白になって唇の色もなく、お腹が空いたと言ってバタリと倒れました。救急車を呼ぶことも考えましたが、子どもの様子に少し演技が入っているような感じもあったので、少し様子を見て、ご飯を食べさせたらお腹が空き過ぎてご飯が食べられません。低血糖の状態だったようで、祖母に迎えに来てもらいました。子どもにとって一番大事なことは食事を与えること、清潔な環境、今だったら小さいので周りの子どもたちは気にしませんが、小学校に行くと臭い子はいじめられることがあるので、そのようなことがないように。お母さんは17歳の時に独身で産んでいるので、経験が浅くわかりません。この保育所は10代で産んだお母さんが多いです。特定妊婦として市でも状況の把握が行われ、市からも保育所に様子を教えてほしいという連絡が入ります。どの子も問題があって、若くに産んでいると、できていないところもあるので、保育園で力になろうとするのですが、拒否感が強くほっておいてほしいという反応が返ってきます。
塚口：保護者とのつながりはどのようになっていますか。つながりを持つことは大事だと言われますが、非常に難しいと思います。
八寿子：昔の親と今の親はまったく違います。
塚口：保護者会などはされていますか。
八寿子：保護者会は会計だけ保護者からなってもらって管理しています。何かの時に集まるということはありませんが、行事の時に子どもたちに同じものを渡すだけで。
塚口：保護者会をやっても集まる時間がないとか、余裕がないのでしょうか。

八寿子：嫌だとはっきり言われますね。

塚口：自分の子どもが保育園に通っている時に、保護者会は親としては一番大事なものだと思うのですがね。

これから園児が減っていく状況を迎えますが、その時保育園としてどのように将来の舵取りを考えておられますか。

全彦：ある部分は高齢者のグループホームやデイサービス、訪問介護の中継所などに切り替えます。6か所のうち2つぐらいは切り替えを余儀なくされるかもしれないと思っています。私の命が尽きた後かもしれないし、それより前に来るかもしれないしそれはわかりませんが。

八寿子：もう10歳ぐらい若ければ、いろいろすることがあるのかもしれませんが。

塚口：保育園は子どもが減っていくと成り立たないということになりますが、今の保育園から就学前教育の場になっていくようなことはできないのですか。保育に欠けるという条件を抜きにして。

八寿子：認定こども園だったら可能です。これからはみんなが入れるようになっていくと思います。選ばれる保育園になる努力をしていかないといけないですね。

塚口：公立の幼稚園は利用者が減ってきています。保育園は今のところ維持している状況ですね。

八寿子：幼稚園だったら早くても8時からお昼ぐらいまでで終わってしまいます。保育園は7時から19時です。お母さんの仕事に合わせてそのような時間帯になっていますし、夏休みや土曜日もあります。お母さんにとって安心のできる所としての存在。少し考えるところが残っているのですが、夕ご飯を食べさせてないみたいなので保育園で食べさせています。少しおかしいと思うのですが、その子にとってはその方がいい。家にいるより保育園にいる方が幸せかもしれません。

全彦：夕ご飯を食べさせるような対応を保育園が担うニーズが高まっているのかもしれません。ギリギリの環境で生活している子どもが多くなっています。昔と今を比べると、親の間の所得格差がものすごく広がってきているように思います。

塚口：保育園のどのようなところで実感されますか？

全彦：所得によって保育料が異なるのでわかります。
八寿子：意外と生活保護の家庭の方が良い生活をしている場合があります。親が子どものお金を使ってしまっていることもありますが。シングルの家庭も多いです。市や児童相談所から子どもの様子を教えてほしいという連絡もよくあります。シングルと言っても、籍が入ってないだけでパートナーがおられる方がほとんどです。
全彦：この30年、40年で社会は乱れてきたと思います。ヨーロッパ並みになってきました。
八寿子：担任の先生が一番子どもと保護者のことをわかっていますね。服を着替える時に背中に何かがあるとか。最近は近所の人が訴えます。泣き声が聞こえるから虐待が行われているのではないか。近所の人の行為を有り難いと思っていたらそうではなくて、家同士が仲が悪くて、すぐ警察へ連絡したりすることもあります。難しいなとつくづく思います。
塚口：これからの保育園事業の将来はどのように考えたらよいのでしょう。子どもは減ってきて、親も問題を抱えている。
全彦：子どもが親と関わっていない。お母さんが外で働いていたりするので、どこかで親業を習いに来ないといけないのではないかと思います。19歳の巡査が交番で銃を撃った事件、ちょっとしたことで腹を立てたのではないかと思います。相手が突き詰めて怒ったわけではないのに、子どもの頃から怒られたことがない。勉強ができる、できないは別にして。そのように想像してしまいます。小さい頃の段階的なしつけができていないまま大人になっています。
塚口：今の子どもの問題を考える時に、親の在り方がポイントになるようですね。
　特に、親の教育が大切だと思います。保育園として親の教育はどのように取り上げたらよいのでしょうか。
八寿子：子どもはお預かりして、褒めて保育して良い方向に持っていけますが、親はそうはいきません。
　どのようにして親教育をすればよいのか、強制的にこのようにしなさいと言うことも言えません。やはり子どもたちの教育をしっかりして、その子どもたちが大人になった時に良いようになっているようにするしかないのかと思います。

塚口：子どもにとっては親が親としての役割をはたしてくれないと不幸だと思います。そのようなことも含めて、親としての心構え、もっと言えば子を育てる覚悟がないと思います。

全彦：私たちの時代は、中学校を卒業したら半分以上はそこで終わりです。高等学校、大学に行く人は半分以下でした。今はほとんど行くのに出来が悪い、道徳心はない、勝手なことを言う。子どももその姿を見て受け継いでいます。そのようなことはずっと引き継がれます。貧しい子が貧しい経済状況を引き継ぐのと同じです。非常に困った問題だと私たちは思っています。

塚口：保護者会があっても集まってきません。手のつけようがありません。保育園が母親教育や両親教育を行う拠点にならないといけないのかなと。学校教育に任せてもそこのところは改善していきません。今年から道徳科目が必須科目になりました。その成果がどうあがるかわかりませんが。

全彦：成果を見ようと思ったら、10年、20年先になるかもしれないですね。

八寿子：保育士の質が落ちてきています。なぜか考えてみると、大学や短大の売りとして卒業時に資格が取れ、資格を与えて卒業させます。養成校の先生もあまり勉強をしないとおっしゃられています。それで資格を持って卒業させても大丈夫かと思いますが、現状はそのような感じです。

塚口：学校も経営だからということでしょうね。

全彦：保育の分野だけではなく、社会福祉全体に質が落ちているように思います。

八寿子：養成校は経営のことばかりに気を取られているように感じます。

全彦：保育園の将来を考えるとき、園児が20名、30名以下になると経営は難しくなると思います。0歳から5歳までが平均して最低100人ぐらいいないと。現在は500人ほどいますが、100人以下になると考え方も小さくなります。収入が少なくなります。40年前の保育園と同じで、小さな考えになってきたら、子どもにも良い保育はできません。平均で100人ぐらいを維持していくためには、自然淘汰が起こっていきます。選ばれる努力はしないといけません。自然淘汰は避けては通れない道だと覚悟しています。

塚口：子どもの絶対数は減少していきます。子どもにかかわる事業は衰退していきます。

全彦：今の数は必要なくなるということですね。
塚口：しかし、保育事業そのものは必要です。将来どのように見ていけばいいでしょうね。
八寿子：選ばれる努力が大切だと思います。保育士も資格を持っているだけではなく、キャリアを積んで専門性を磨いていく努力をしていこうと話しています。人数が少ない保育園では質の高い保育ができないように感じます。
塚口：特養も地方では利用者が集まらないということが言われています。今の高齢者があの世に行ってしまうと次がない状況です。保育も教育だと思います。養育をする中で子どもたちが成長していく。相互に思いやる心、助け合う心、他人と協調できる心を養えたら最高です。こうした心情は一家庭の中だけでは養えません。保育事業は、こうした人間形成の大きな役割を担っていると考えています。国もこのことを考えた保育行政を進めるべきだと思います。経営手腕だけに委ねているだけでは済まない状況がすでに生まれてきています。
　話が変わりますが、今日の保育士の養成は、第三者の教育機関で教育をして、そこを卒業した人を就職させるというやり方をしていますが、社会福祉法人自らが保育士を養成する学校を作って保育士を自家養成したらどうかと思っているのですがどうでしょうか。
八寿子：私たちもできたらよいなと話しています。
塚口：養成学校で儲けないで、必要な人材を確保し教育するというようなことをやっていく時ではないかと思います。
八寿子：実は具体的に仕事帰りに来れるような駅の近くのビルの一室で夜間部屋を借りて資格を取れる学校を作ったらどうかと考えたことがあります。
全彦：今は楽をして一生暮らしたいと思っている人が多いので難しいでしょう。昼間働いて夜間勉強しようというのは今の若い子はしないと思います。
塚口：第三者が養成するのではなく、自らが必要な人材を養成して、安い授業料でするというのはどうでしょうかね。
八寿子：私は賛成です。
塚口：子どもが減っていっても、きちっとしたことができる。ビジョンが描けるような。西川さんに当事者養成を期待したいです。

研究活動を主導

塚口：私が全彦さんの先見性に驚いたことがあります。全彦さんにも思い起こしてほしいのですが、平成5年の初頭に、兵庫県社協で社会福祉法人制度改革の方向性について論議をするための懇話会を設置することになりました。このきっかけは、全彦さんをはじめとした金附洋一郎さん（当時は神戸聖隷福祉事業団理事長であったと思います）などが福祉サービスの提供主体に広がりができ多様な供給主体が福祉事業に参入してきている状況を見るとき、社会福祉法人が今まで通りの体制と事業展開を守り続けていては社会変化から遊離してしまうのではないかとの危機感から、社会福祉法人の今後の見通しを論議する必要があるのではないかとの意向を私に話されました（私は当時、兵庫県社協ならびに兵庫県社会福祉施設経営者協議会の事務局長をしておりました）。私はその意見を受けて前述の法人問題懇話会を設置したのです。段々と思い出してこられたと思いますが……。

全彦：思い出しましたし、その資料があります。

　この懇話会は、大体1年かけて論議したと思います。懇話会委員は、私の意向も含めて、西川全彦（姫路青山福祉会理事長）、前出の金附洋一郎、門口堅蔵（愛光社会福祉事業協会理事長）、今井幸夫（みかたこぶしの里理事長）、蓬莱和裕（ゆたか会理事）、関川芳孝（北九州大学助教授）を選任していただきました。

塚口：この論議の内容は、別にゆずりたいと思います。平成5年当時に論議した内容としては非常に先見性に富んだものでした。

全彦：自由にしかも闊達に意見を述べ合うことで先見性に富んだ論議の中身になったと思います。
八寿子：主人は、時にはとんでもない意見を吐くことがあるのですが、よくよく考えてみるとなるほどと思うことが多くあります。そういう機会を塚口さんから与えられたことが良かったと思います。

他法人の再建を援助したつもりが

塚口：話は変わりますが、全彦さんは危機的状況にあった他法人の再建に努力され、その結果が、その法人のオーナーから訴えられ最高裁で敗訴されるという苦渋を味わわれた経験がありますが、よろしければその状況をお話しください。
全彦：あれはもうだいぶん前になりますが、私の園の保護者であった方から、姫路市にあったH法人が経営する特養をめぐって不正行為があり、その特養の存続が危ぶまれているので助けてほしいと要請されたのです。
八寿子：主人、全彦はノーといえばよかったのに、その要請を受けたのです。
全彦：その法人は、特養建設の際、国庫補助金を不正に受け取ったことで所官庁である県からその返済命令が出されていた法人です。その当時の国庫補助は建設費の4分の3出ていました。この事件の本質は、建設設計業者と建設業者がつるんで法人のオーナーを不正に巻き込む手口がよくありました。この事件もその類の一つです。
塚口：その役員に就任されたのですか。
全彦：そうです。平成17年5月に理事長に就任しました。私以外の理事はそのままでした。結局、不正を行ったオーナー理事長は辞任したのですが、ほとぼりが冷めれば復帰できると考えていたのでしょうね。それまでも、オーナー一族で理事長をたらいまわししていたのです。再建のための理事会を招集するのですが、オーナーに関わる一定数の理事が出席しないのです。ですから理事会が成り立ちません。何回招集しても同じです。これでは一歩も前に進みません。そこで焦りが出て理事会が成り立ったことにして前へ進めたのです。これがいけませんでした。成立しない理事会を成立したことにしたことが、不実記載ということで元理事長であった一族から訴えられたのです。
塚口：その苦労しておられる段階で行政側の援助はなかったのですか。
全彦：私は落下傘で旧理事がいる中へ降下したようなものです。本当は、不正があった段階で理事も総辞職すべきだったと思います。行政はその指導を行いませんでした。ですから、不正事を起こした当時の理事はそのままいて、そこへ私が乗り込んだ、という態です。
　不正の責任を取ってオーナーである理事長は辞任したのですが理事はそのまま残りました。しかもその理事はオーナーの息がかかった者ばかりです。
　私は、社会福祉法人の理事は「良識ある人物」と思い、ことを進めようとしたのですが、この「性善説」は通用しなかったですね。
塚口：当時の社会福祉法人は、今もそうですが、オーナーの権限は非常に強く、役員もオーナーのお気に入りの人たちがほとんど、という状況です。この状況は、社会福祉法人の公共性を担保しにくい環境とも言えますし、何よりも、役員会の相互牽制の機能が働きにくい状況とも言えますね。
全彦：私もオーナーの一人ですが、公共性や公平性には細心の注意を払う必要があると思います。特に、オーナーとしての立ち位置を何時も厳しく自らが検証し続けないといけないと考えます。このかかわりを通して私は多くのことを学びました。
　特に、法治は近代国家に不可欠な条件ですが、法の整備が社会情勢の変化に即応していないことが問題です。ですから法に定めた枠から外れる事案は、無理やり法の枠に当てはめようとします。当てはまらない場合は、およそ世間の常識を超えた軽い罪に判決されるか、犯罪の本質をゆがめた判決になる場合もあるように思います。
塚口：その通りだと思います。名神高速のあおり運転で両親がなくなる悲惨な事件がありましたが、危険運転致死罪は、車が走っていて適用される罰ということで、追い越し車線で無理やり停車させられた。その時、車は停止していたので危険運転致死罪の適用外、と弁護士は主張しているようですが、「あおり運転自体が死を招く危険極まりない犯罪」という、あおり運転に対する直接的な対応ができないという法制定の遅れがあります。だからこうした場合の法治は今ある法の枠に当てはめて裁く以外に道がないのです。全彦さんが直面した裁判はこうした要因を含んでいるのではないですか。

全彦：近代法治は、大岡裁きができないのです。近代法治の裁きを補うために裁判員制度が生まれたと考えます。大岡裁きは、「庶民の常識」を活かす裁判です。社会福祉法人の犯罪、特に、社会福祉法人の公共性を歪める事件に対しては裁判員制度を採り入れたらどうかと思います。そうすれば、私の罪として問われた不実記載は違ったものになっていた可能性もあります。

姫路市社会福祉法人経営者協議会会長として

塚口：全彦さんが経営者として高く評価されているもう一つの側面は、自分の法人のことだけでなく、姫路市の社会福祉法人経営者協議会（以下「経営協」という）の会長として市内の社会福祉法人の経営の向上に大きく貢献されていることです。

　とりわけ、社会福祉法人経営者を対象とした「経営セミナー」の開催です。どんな思いでこうしたセミナーに取り組んでおられるのかをお聞きしたいと思います。

八寿子：主人は、他法人の経営のことについても我がことのように心配したりしています。経営協のセミナーについても社会福祉に関わることだけでなく、経営者としての人間形成に役立つような内容にも配慮しているようです。この真剣さには頭が下がります。少し褒めすぎですかね。

全彦：セミナーは毎月開催しています。社会福祉をめぐっても情勢変化は大きなものがあります。社会福祉法人経営者はこうした社会情勢の変化を踏まえてより適正な経営に心を砕かなくてはならないと考えております。姫路市経営協の会長として会員に学習の機会を提供することは至極当然のことだと考えております。

塚口：社会福祉法人の経営者は、その外に県段階、全国段階、各業種別のそれぞれの段階で「学ぶ機会」は多くあると思いますが、それが上手に活かされているとは言い難いように思いますが。

八寿子：提供される学習内容にもよると思います。厚労省が提示する方針だけをオーソライズするような学習内容だけではだめだと思います。社会福祉情勢を踏まえたうえで明日からの方向付けにヒントを与えてくれるような示唆に富んだ内容の学習が必要だと思います。

全彦：我々が提供する学習機会は一つのきっかけを提供するものです。最近私は強く思うのですが、社会福祉法人の経営者は地域住民から信頼され、尊敬される存在になる必要があります。経営者の中には、自己の利益のみを追求する「商売人」的経営者もいますが、これではだめです。地域住民からそっぽを向かれるような法人が良いサービスを提供できるはずがありません。学習内容には、自分の人格を磨くきっかけになるようなものも含んでいます。参考のために、ここ3年間のセミナー内容をお示しします。

姫路福祉施設経営セミナー　平成27年度　事業報告書

日　時	会議内容	場	摘　要
平成27年 ４月30日（木）	総会	清交倶楽部総社	１部　総会 26年度事業報告・決算書 27年度事業方針・予算案等 ２部「中国古典の講話」 講師：三木英一氏
５月21日（水）	５月例会	清交倶楽部総社	「これからの医療について」 講師：神野病院理事長　井上圭介氏
６月26日（金）	６月例会	清交倶楽部総社	養成校各位との就職懇親会
７月28日（火）	７月例会	姫路労働会館	１部「行政説明」 講師：保育課　金山係長 ２部「行政説明」 講師：保健福祉推進室 監査指導室　岡本主幹・松本係長
８月21日（金）	８月 特別例会	キャッスルホテル	「これからの福祉・医療についての討論会」 姫路市長・副市長・医療・福祉関係者等
９月30日（水）	９月例会	清交倶楽部総社	「入所契約時の注意点　現場でのトラブル解決について」 講師：原法律事務所　弁護士 高石耕吉氏
10月30日（金）	10月例会	清交倶楽部総社	「社福法人の改革の背景」 講師：社福みかり会理事長　谷村誠氏
11月16日（月）	11月例会	清交倶楽部総社	「社会福祉法人をめぐる情勢と今後の動向」 講師：全国社会福祉施設経営者協議会 前会長　高岡国士氏
12月25日（金）	12月例会	清交倶楽部総社	セミナー会員による年末懇談会
平成28年 １月26日（火）	１月例会	清交倶楽部総社	セミナー会員による新年懇談会
２月25日（木）	２月例会	清交倶楽部総社	「行政説明」 講師：姫路市健康福祉局長　山下雅史氏
３月29日（火）	３月例会	清交倶楽部総社	「社会福祉法人制度改革に伴う会計処理について」 講師：公認会計士　川本幹雄氏

姫路福祉施設経営セミナー　**平成28年度　事業報告書**

日　時	会議内容	場　所	摘　要
平成28年 ４月22日（金）	総会	清交倶楽部総社	１部　総会 27年度事業報告・決算書 28年度事業方針・予算案等 ２部「中国古典の講話」 講師：三木英一氏
５月27日（金）	５月例会	清交倶楽部総社	「行政説明」 講師：姫路市健康福祉局長　甲良佳司氏
６月27日（月）	６月例会	清交倶楽部総社	「姫路の誇る「地域の絆」で 防災とコミュニケーションづくり」 講師：姫路社協理事長　飯島義雄氏
７月29日（金）	７月例会	清交倶楽部総社	「社会福祉法人制度改革について」 講師：保健福祉推進室 監査指導室　岡本主幹
８月18日（木）	８月 特別例会	キャッスルホテル	「社会福祉法人制度改革について」 講師：大阪府大教授　関川芳孝氏
９月９日（金）	９月例会	キャッスルホテル	養成校各位との就職懇親会
10月６日（木）	10月例会	清交倶楽部総社	「行政説明」・「意見交換会」 講師：竹中隆一市議・井川一善市議
11月11日（金）	11月例会	キャッスルホテル	石見利勝市長との懇談
12月16日（金）	12月例会	清交倶楽部総社	「苦情解決制度の推進」 兵庫県福祉サービス運営適正化委員会 事務局長　長岡正容氏
平成29年 １月19日（木）	１月例会	清交倶楽部総社	「人の一生と法律の出会い」 講師：姫路大学理事長　上田正一氏
２月14日（火）	２月例会	清交倶楽部総社	「働く女性について・人材の発掘」 講師：神戸新聞記者　末永陽子氏
３月22日（水）	３月例会	清交倶楽部総社	「ハラスメントの無い職場作り」 講師：社会保険労務士　庄司茂氏

姫路福祉施設経営セミナー　**平成29年度　事業報告書**

日　時	会議内容	場　所	摘　要
平成29年 4月26日（水）	総会	清交倶楽部総社	1部　総会 28年度事業報告・決算書 29年度事業方針・予算案等 2部「中国古典の講話」 講師：三木英一氏
5月10日（金）	5月例会	キャッスルホテル	「行政説明」 講師：こども育成担当理事　田中咲子氏
6月2日（金）	6月例会	清交倶楽部総社	保育士・介護士養成校 意見交換会・就職懇談会
7月4日（火）	7月例会	姫路商工会議所	「社会福祉法人の新しい取り組みについて」 講師：保健福祉推進室 監査指導室　岡本主幹
8月2日（水）	8月例会	キャッスルホテル	石見利勝市長との懇談会
9月8日（金）	9月例会	清交倶楽部総社	社会福祉充実残額について 社会福祉法人指導監査のガイドラインの変更 講師：公認会計士　梅谷俊平氏
10月6日（金）	10月例会	清交倶楽部総社	政府・厚労省内の目まぐるしい動き 社会福祉法人を取り巻く状況 講師：全私保連会長　小林公正氏
11月14日（火）	11月例会	清交倶楽部 商工会議所	行政説明・意見交換 姫路市議会議員　竹中隆一氏
12月19日（金）	12月例会	清交倶楽部総社	セミナー会員による年末懇談会 ゲスト：黒川 副市長・ 田中咲子 子育て担当理事
平成30年 1月26日（金）	1月例会	清交倶楽部総社	教育・論語について 加古川市社会福祉協議会理事長 山本勝氏
2月22日（木）	2月例会	姫路商工会議所	働き方改革・無期雇用転換ルールについて 講師：社会保険労務士　庄司茂氏
3月23日（金）	3月例会	清交倶楽部総社	「財務諸表の見方・分析」 講師：公認会計士　梅谷俊平氏

結びとしての纏め

塚口：西川全彦、八寿子ご夫妻と、主として「保育事業は国家事業であり、それを支える市町村にとっても最重要事業の一つである」ことを、それだけに、保育の充実を単なる政治スローガンに終わらせないために、政治とどうかかわっていくかについて意見をいただきました。特に、奥さんの八寿子さんからは全彦さんからだけでは見えなかった側面もご披露いただき大変興味深い鼎談の内容となりました。

実は、少ししか触れなかったのですが、全彦さんは、姫路市社会福祉法人経営者協議会会長としても活躍されていて、その功績は大きなものがあります。

社会福祉情勢はめまぐるしく、しかも急激に変化を遂げていますが、その変化が子どもにとって、また、社会福祉の支援を受ける人たちにとって良い方向に変化しているとは言い切れません。こうした中で、自己の利益は二の次に置き保育事業の発展と地域における社会福祉の進化にご努力されている西川ご夫妻のご健闘を祈念し鼎談を締めくくりたいと思います。

西川全彦・八寿子　編

第二部　対談者（鼎談者）からのコメント

〈鼎談から見える「人物」評〉

西川全彦さんは豪放磊落、小事にこだわらない性格に見える。しかし、こころくばりは隙がない、この豪胆さと繊細なこころくばりの一見矛盾した人格が全彦さんの魅力である。奥さんの八寿子さんは鷹揚な風貌の裏で全彦さんの舵取りをしっかりとしている、この夫婦の絶妙なコンビネーションで社会福祉経営の方向を誤ることはない。

筆者が全彦さんと知り合ったのは、彼が兵庫県保育協会の会長であったころだと思う。社会福祉施設で最大の施設数を擁する兵庫県保育協会の会長にしては「若いな」というのが第一印象。兵庫県社協が中心となって県内の社会福祉経営者の有志を糾合した兵庫県社会福祉政治連盟の立ち上げを進めているときであった。その後、兵庫県社会福祉政治連盟と保育協会を母体とした政治団体・兵庫県保育推進連盟と共同で政治活動を展開した。その主導は全彦氏であった。こうした活動を通して全彦氏の人となりを深く知ることになり、筆者も全幅の信頼を寄せるようになった。

筆者と全彦氏との付き合いは半世紀にも亘る。全彦氏は、小室ゼミの常連であった。小室先生の知事選、敗れることが分かっていても支援した。全彦氏は、姫路市内の社会福祉関係者を組織化し、社会福祉ゼミを主宰している。筆者もたびたび呼ばれたことがあり、そのたびに刺激を受けた。

このゼミで、当時の厚生省社会援護局長であった炭谷茂氏（現在は、恩賜財団済生会理事長）と知り合い、同氏との縁で流通科学大学へ沢田清方氏（故人／当時、日本福祉大学教授）、や岡本栄一教授（西南女学院大学教授）を招くきっかけとなった。全彦氏の人脈の豊かさは多方面に及んでいる。

〈政治音痴では、何も得られん〉

全彦氏は政治を巧みに活用するまれな人物である。福祉に関係するものは政治的に中立であれ、と筆者などは教わってきた。全彦氏に言わせれば、政治的中立を口実にした代議民主主義の傍観者に過ぎない、ということになる。代議民主主義は、有権者と代議者の間に政党という厄介な媒体が入る。この媒体があるために、有権者の純粋な意思が行政や立法に素直に反映されにくくなる。この舵取りが難しく、この難しさから逃避する姿が「政治的中立」という退避壕ではなかろうか。全彦氏に言わせれば、民主主義の実践手段がこの代議制（議会制）であるとすれば、この手段を捨てれば、その先には何も生まれないことになる、と言うことだ。

〈社会福祉法人の経営にはお節介者が必要〉

全彦氏は、市内の不正経営を行った社会福祉法人の再建のために、その法人の理事長を引き受けた。理事長は全彦氏に変わったが、理事はそのまま居座った。居座った理事は前理事長の息のかかった人物ばかりで、西川全彦理事長に反発して理事会に出席せず理事会が成り立たない。そこで理事会が成立したことにして前へ進めようとした。この焦りを前理事長一族から訴えられ、最高裁までいったが敗訴した。

全彦氏にしてみれば、前理事長の不正経営で傾いた法人を立て直そうとしたに過ぎないが、不正経営者が法人運営では勝訴するという矛盾を生起した。こうした矛盾を露呈することになる構造的弱点を社会福祉法は内包していることが分かった。

これは、全彦氏が苦汁をなめた結果の成果物である。全彦氏のようなお節介は今後とも必要なのである、と筆者は強く思った。

岸本　敦・森脇恵美　編

第一部　対談（鼎談）

塚口伍喜夫氏

岸本敦氏

社会福祉経営に関わることになった動機と原点

塚口：今日は、岸本さんとの対談ですが、岸本さんの右腕として岸本さんを補佐してこられた森脇恵美（法人本部長）さんにも加わっていただくことにしました。
　まず最初に、岸本さんが社会福祉法人の経営に関わることになった動機をお聞かせください。

岸本：もともと特別養護老人ホームを始めたのは私の父親です。父は宍粟郡千種町（現在の宍粟市千種町）の出身で、大阪へ出てきて事業を始めました。その父が、何か出身地の千種町への御恩返しがしたいと思い、当時の千種町長に相談しました。その結果、千種町も高齢化が進んでいるので、在宅介護が難しい高齢者に特別養護老人ホーム（以下「特養」という）を準備したい、という町長の意向を尊重して特養を造ったのが始まりです。
　本来なら、兄が継ぐのが当たり前ですが、兄は医者で奈良医大の医局にいたものですから私が継ぐことになったのです。社会福祉法人名の千種も町名から採りました。

塚口：千種町が社会福祉法人千種会の原点になるのですね。千種町についてどんな思いを抱いておられるかお聞かせください。

岸本：「千種町は澄み切った空気に透き通る水、陽の光に映える緑、そんな豊かな自然の中で川魚を追いかけて過ごした少年時代」（『産経新聞』ＰＲ記事より引用）と表現しているように、私という人間を育んだ原点がそこにあります。
　森脇は、私と同じ千種町の出身です。縁あって千種会に来てくれて今日に至っております。

小室豊允先生とのかかわり

塚口：岸本さんの経営理念の形成には小室豊允先生の影響も強くあるのではないかと推測するのですが如何ですか。

小室豊允（1942〜2013）：政治評論家、政治学者、社会福祉学者、大阪府立大助教授、姫路獨協大教授・学長、同大学名誉教授。全国社会福祉施設経営者協議会（以下「全国経営協」という）の初代会長吉村氏と親交が深く、全国経営協の専任講師のような立場で社会福祉法人経営者を指導した。また、全国に「小室ゼミ」を組織化し全国の社会福祉法人経営者、福祉施設長などの指導に当たった。

岸本：私は小室先生のカバン持ちを長らく務めましたので、先生の思想を強く受けたことも事実です。小室先生からは、物事を大所高所から見ることの大切さを教えていただきました。また、社会福祉法人の経営手法についても教えていただきました。塚口さんも小室先生とは強いつながりがありましたね。

塚口：小室先生とは、先生が大阪府立大の助教授をされていた時代から付き合いがありました。その後、全国経営協や兵庫県社協の理事などもやっていただき、一時は、兵庫県社協の会長の任にもついていただきました。また、兵庫県の小室ゼミにもゲストスピーカーとして招かれていましたので縁は深いです。小室さんの葬儀も取り仕切ることになりました。早く亡くなられて残念です。

もう少し、小室先生のことについてお話しください。

岸本：小室先生の社会福祉経営論は、従来の研究者のそれとは大きな違いがありました。特に先生は、社会福祉法人は措置の時代はないがしろにされていた契約の在り方にスポットを当てておられました。措置の時代は、契約は社会福祉法人と結ぶのではなく個々の施設と結びました。先生は、この契約の在り方について法人主体にしなければならないと強く主張されていました。この主張を強くされたのは小室先生が初めてではないでしょうか。

塚口：当時の厚生省は、社会福祉法人は福祉施設を造るための方便として位置付けていたのではないかと思います。施設ができれば、社会福祉法人の役割は終わったと考えていたように思います。この偏見にメスを入れたのが小室先生だったのですね。岸本さんがおっしゃる通りです。

　ところで、小室先生が兵庫県知事選に出馬されて、今の井戸知事と戦われました。このいきさつとその後についてお話しいただけますか。

岸本：井戸知事の一期目の選挙の時です。なんでこの選挙に出馬される決心をされたのか分からないところもあります。結果は敗北でした。しかも、落選後は小室先生の傍から多くの人が離れていきました。しかし、社会福祉法人経営者の何人かは小室ゼミに留まりました。

塚口：私が何人かと共同でＮＰＯ法人福祉サービス経営調査会を立ち上げた動機は小室ゼミの精神を引き継いでいこうとするものでした。そのため、このＮＰＯの参画者は皆元小室ゼミ生です。言ってみれば、権力に阿《おも》ねない経営者だからです。権力に媚び、阿ねるような経営者は次々と権力者を渡り歩きます。こんな姿勢の経営者が１００人集まっても社会福祉を改革し前進させる力にはなりえません。

岸本：小室先生はこの知事選で40万票以上の得票を得ました。小室先生が出馬表明した時は、自民党県連は井戸候補の推薦を決めた後でした。タイミングは最悪です。そして手弁当での選挙運動です。兵庫県内の社会福祉法人経営者は井戸候補の顔色を見て選挙協力はしませんでした。大阪の経営協の有志が頑張ってくださいました。選挙は戦争です。負けると惨めなものです。でも、小室先生は社会福祉法人経営の将来の展望を失わず我々を指導してくださいました。

特別養護老人ホーム
おおぎの郷

介護付き有料老人
ホームLe MONDO

特別養護老人ホーム
ちくさの郷

特別養護老人ホーム
甲南山手

特養の拡大を図る

塚口：岸本さんは社会福祉法人の経営理念を小室先生から多く学ばれましたが、この経営理念を自分のものにしながら高齢者施設の拡大を図っていかれます。その経過等をお話しください。

岸本：父が立ち上げた特養「ちくさの郷」を足場に、平成7年に神戸の東灘区に特養「おおぎの郷」を立ち上げました。この立ち上げは私の力です、と言いたいですが、実は松井年孝氏、黒川恭眞氏などの指導や助言を得ながらの立ち上げでした。信頼のおける諸先輩方の存在はありがたいですね。続いて、神戸市の西区に特養「岩岡の郷」を新設しました。岩岡の郷は、「医療と福祉の融合」をコンセプトに、保険診療ができる診療所を併設した特別養護老人ホームです。このコンセプトの背景には、医療と福祉の間に真の意味での協働関係を感じてこられなかったことがあります。例えば、配置医師に夜間に今すぐ往診をお願いしたいと思っても、緊急で駆けつけて頂けないことが現実です。本当に必要なタイミングで医療を提供してもらえないというジレンマが、自ら医療を持つという自分なりの結論に至らしめました（平成12年8月）。

その後、東灘区に特養「甲南山手」（平成19年5月）、メディカルケアハウス甲南山手（平成24年6月）、メディカルグループホーム甲南山手（平成25年7月）と順次開設しました。特養甲南山手は保育所を併設したことも特徴の一つです。甲南山手は「安田生命」の社員寮を買い取り開設したこともあり、立地の良さや利便性など、これまでの特養にはない特色を持っています。私たちが「場所」へのこだわりや、本当に質の良いサービスの提供を深く考えるきっかけになった施設とも言えます。次には、西宮市に介護付き有料老人ホーム「Ｌｅ　ＭＯＮＤＯ」を開設しまし

Les 芦屋　フロント

Les 芦屋　ロビー

Les 芦屋　サロン

Les 芦屋　清潔なトイレ

た（平成25年12月）。最後は芦屋市に有料老人ホームに、グループホームと特養を併設した「Ｌｅｓ芦屋」を新設したのです（平成27年10月）。神戸の東灘区の山手や芦屋市は一般には高級住宅地域と言われております。本当の意味で、住み慣れた街で暮らし続けるということは、そこにある文化的な水準も含めたクオリティーを求められるのではないでしょうか。サービス提供の在り方そのものが「住み慣れた場所」を感じさせる要素であると考えています。

塚口：芦屋市に新設の複合型有料老人ホーム「Ｌｅｓ芦屋」は、まったく老人ホームの雰囲気ではありません。高級ホテルのフロントに足を踏み入れた感じです。これが岸本さん主張の「その地域に合ったホスピタリティの実現」ということなのでしょうか。後でゆっくりお聞きしたいと思います。

森脇：特養に限らず、社会福祉施設において、そこの職員がどんなホスピタリティを発揮するかは非常に大事なことだと思います。

施設におけるホスピタリティの発揮はノーマライゼーション実現への道

塚口：先ほど森脇さんからホスピタリティの発揮如何がその施設の価値を決めるといったような発言がありましたが、このことについてもっと意見をお聞きしたいと思います。

森脇：岸本は、施設におけるこのホスピタリティの在り方を大変重要視しています。私が、この業界に関わって一番驚いたのが、ジーパンで研修などに参加している人がいたことでした。また、誤解を恐れずに言えば、福祉職場では服装やメイクについて、そこまで高い意識で臨んでいないような気がします。

　どのような仕事であっても、ひと度お客様の前に立つ時には、エチケットとして「身だしなみ」を整えることは当然のことです。

　なぜそれが必要かというと、清潔な服装や上品で柔らかいメイクが相手に安心感を与え、「あなたを受け入れていますよ」というメッセージになるからです。

　そう考えると、福祉の仕事だからと言って、その意識を横に置いてはいけないのではないかと思っています。

塚口：いやー手厳しい指摘ですね。敗戦直後の物がない時とは違って、今は誰もがそこそこの身だしなみができるときですから。

　ホスピタリティは、服装以外にいろいろなところに生かされているのではないですか。

岸本：先ほど塚口さんが「Ｌｅｓ芦屋」のフロントの雰囲気を話されていましたが、施設の設え、設備、雰囲気などにも最高のホスピタリティ・おもてなしの感覚が必要だと考えています。昔は、施設独特の臭いがありました。集団生活

森脇恵美氏

ならではの、お食事や排せつ物、体臭などが入り混じった独特の臭いです。この臭いが、私たちの感覚を「老人ホームは〝暮らし〟の場所」という概念から遠ざけてしまっているような気がします。今はそんな臭いのする施設は少なくなりましたが、まったく無くなったわけではありません。私どもの経営する介護福祉施設は予算の制約がありますので、その範囲内でお客様に最高のおもてなしをしなければならないと考えています。

また、ホスピタリティは、施設のつくりとか設備の設えだけではありません。お客様に接する職員の身だしなみも大切です。金髪や茶髪、肩にかかるような長髪は若人のファッションかもしれませんが、例えば、ホテルやレストランにそのようなスタッフがいれば違和感を覚えますよね。千種会で働く職員はきちんと調髪することを義務付けています。また、ピアスやおしゃれを追求した過度なメイクなども禁止しています。

施設サービスを受けられる高齢のお客様は、施設にご入居されることで、これまでとは違った環境に身を置くことになります。そのこと自体が大変な不安感を誘発する中、年代的に違和感のある風貌の人にケアされることにも戸惑いを覚えられるのではないでしょうか。

塚口：通常の特養でもかなりのホスピタリティが発揮できるし、実際に実行しておられますね。それが有料老人ホームになるともう少し拡げられるのではないですか。

森脇：岸本に代わってお話をしますと、例えば、複合型有料老人ホーム「Ｌｅｓ芦屋」では、厳選豆をブレンドした淹れたてのコーヒーを提供するカフェ、お風呂は高野槙を使用した香り豊かな設え、施設全体に豊かな香りを漂わせるアロマの使用などをしております。食事について言えば、某有名日本料理店に調理師が研修に出向き、和食の真髄を勉強しています。医療面では、地域の中核病院である市立芦屋病院のバックアップも得ながら、内科・整形外科・精神科・歯科は自社グループ内の医療機関できめ細やかに提供できる体制を構築しています。さらに、ＯＴ、ＰＴなどのセラピストはもちろん、エステやカフェなどのスタッフとも連携しながら、他にはないチームアプローチの形を模索しています。これらを、私たちは「スモール・ラグジュアリー」なサービスと位置づけ、お客様の自立支援、病気に対する不安の解消などに努めています。

塚口：今はスモール・ラグジュアリーかもしれませんが、それが普通になっていくことが望まれますね。

ホスピタリティについてお話をお聞きしていて、千種会におけるこの追及例はまだレアケースだと思うんですが、この件も普遍化していくことが望まれますね。

ホスピタリティの追及はノーマライゼーションの追及にむすびつくのではないかと思っています。実は、北欧の社会福祉の究極の目標はノーマライゼーションの実現ではないかと私は思っています。スウェーデンのある小都市で目撃したのですが、スウェーデンでの車いすの提供は、利用者一人一人に合ったオリジナル車いすの提供です。Aさんの車いすとBさんの車いすは障害の診断によって設えますから同じものではありません。加えて、車いすの色調もそれぞれの利用者の好みによって違います。これはラグジュアリーではありません。当然の提供方法なのです。

芦屋で長く暮らしてきた人が自立できなくなり特養を利用することになった場合、その部屋が臭ったり、3度の食事は外注のまずい食事であったり、よれよれTシャツの介護職員に世話をされたりすると、その落差が大きすぎて悲嘆に陥ることだってあります。ノーマライゼーションの理念の一つは、こうした落差を感じさせない環境を提供することではないかと考えます。

千種会の「Le　MONDO」や「Les芦屋」の試みはノーマライゼーション実現への試みとみることもできるのではないかと考えます。

実は、このノーマライゼーションの理念は社会福祉の在り方を考えるとき最も大切な理念の一つです。ノーマライゼーションは、「普通の状態にすること」すなわち、平常化、常態化、等生化と表現されています。この思想から考えると施設主義的な福祉ではなく在宅主義的福祉がノーマライゼーションの思想・理念に近いとみることができます。しかし、日本の高齢者介護福祉は今後大きく施設サービスに比重をかけていかなければならないような情勢です。そうであるならば、施設サービスを利用者にとってよりノーマルな状況にする努力が求められます。その視点から千種会の試みを見ると、まさにその努力の試みではないかと思うのです。

（参考）

ベンクト・ニーリエ（スウェーデン・ウプサラ大学）はノーマライゼーションの考え方について次のようにまとめています。

1．ノーマルな一日を体験する権利（朝起きて着替えをする、食事を摂る、散歩をする）。
2．ノーマルな一週間を体験する権利（毎週金曜日と日曜日はこのテレビ番組を見る）。
3．一年間のリズムを体験する権利（国家行事や宗教行事に参加できスポーツイベントや夏休みの旅行が楽しめる）。
4．子どもが大人になっていくというノーマルなライフサイクルを体験する権利。
5．自己決定と個人としてのノーマルに尊厳を受ける権利。
6．その人の住む社会の文化習慣に則ってノーマルな性生活をする権利。
7．その国におけるノーマルな経済生活水準を得る権利。
8．その人の住む社会におけるノーマルな住居・環境水準を得る権利。

ここで注目すべきは、これらはその人の権利だということです。

岸本さんのゴルフプレー

経営者は、豊かな人格者であれ

塚口：ところで話が変わりますが、岸本さんの評価の一つに、社会福祉法人経営のことより趣味のゴルフにうつつを抜かしているのではないかといった風評があります。私は、社会福祉に関わる人間は趣味も豊か、文化的素養も豊かといった人間味豊かな人が適任と考えているのです。そうでないと百人百様の人生を歩んでこられた高齢者に寄り添うことができないのではないかと考えますが。

岸本：私の唯一の趣味はゴルフです。その腕はそこそこです。ゴルフにうつつを抜かして法人経営をほったらかしにしているのではないかといった批判も仄聞《そくぶん》しますが、私はゴルフでストレスも解消していますし新たなエネルギーも充填しています。そして何よりも、ゴルフで多くの尊敬すべき方たち、経済界、医療界、文化界などで一流といわれる方たちとつながりを持つことができています。やはり、一流と評価されている人たちは人間的にも魅力たっぷりです。私はこうした人たちから多くのことを学んでいます。例えば、企画や事業に取り組む本気度です。この気概が世界に伍して勝利していく源なのだなぁと感じたり、何とも広い人脈のネットワークに驚かされます。

私は、施設環境を豊かにする一つに「香り」、すなわち、アロマに興味をもって施設でも生かそうとしているのですが、ゴルフで知り合った方々からもご意見やアドバイスを受けこれを活かしています。社会福祉施設サービスのリノベーションとか新たな前進のためのヒントや示唆は同じ業界の中だけでは得られないと思っています。私はゴルフを通した一挙両得を手にしていると思っています。

塚口：私は、社会福祉に携わる人は「豊かな人間味あふれる人」が理想的だと考えています。例えば、介護にあたる職員は、介護技術はあまり上手くなくても、豊かな人間味をもってその相手を理解しようとする態度が見える、そんな介護福祉士であってほしいと考えています。

ある介護福祉の会議でこんな発言をしたら、「塚口先生、この会議で『介護技術は下手でも』という発言は良くありません」と批判されました。この批判をするようなコリコリの頭の固い介護福祉士には介護されたくありません、というのが私の本音であったわけです。

話を戻しますと、岸本ＣＥＯはゴルフという趣味をお持ちなのですが、職員たちはどんな趣味を持っているのでしょうか。やはり職員も豊かな趣味を持つように誘導したらどうでしょうか。極論すれば、趣味の無い人間は魅力に乏しいですね。

私は昔、岩崎峰子（祇園のトップ芸者）さんがその著書の中で「一流の人はそれなりの見識や知識、人間としての奥行きの深さをもっていらして、それがトップの座をつかみ取る理由になっている」と述懐しているのを読んだ記憶があります。

介護福祉の仕事は、介護をする人の人格がされる人に大きく影響すると思っています。対人援助の仕事は多かれ少なかれ皆そうです。それだけに、介護技術をおろそかにしろとは言いませんが、介護福祉士は絶えず教養を深め、人格を磨いてほしいと思っています。

岸本：私たちの法人のすべての職員はクレドカードを身に付けています。これは、「もう一つの我が家」をコンセプトに世界中でラグジュアリーなホテルサービス事業を展開しているザ・リッツ・カールトンホテルをお手本にしています。

クレドとは、信条を指します。法人によっては倫理綱領という表現もしていますが、このクレドはその職場にいる限り絶対に実行していくという規範です。このクレドに「常に人間性豊かに」を謳う必要もあるかなと、思っています。

集合写真

職員は職場の宝

塚口：私が九州保健福祉大学に在籍中に、岸本さんが施設長の後藤一男さんと二人で「卒業生をわが法人へ回してほしい」と依頼に来られました。神戸から宮崎県の延岡市まで来られる熱心さに驚いたのですが、それが縁で、千種会には多くの学卒者を採用していただきました。もうそれは20年近く前になりますが、それらの職員が施設長などに取り立てていただき頑張っています。

岸本：塚口さんには卒業生を紹介していただき採用しましたが、彼らはほとんど辞めずに頑張っています。

塚口：千種会に採用された卒業生たちは高いモチベーションを持って働いているように思います。岸本さんは、法人のCEOとして職員の処遇はどうあったらよいと考えておられますか。

岸本：介護福祉は質の高い介護福祉士を中心に、周辺を支える職員集団のチームワークで成り立っていると考えます。もちろん、介護サービスの直接的な提供者は介護福祉士ですが、それだけでは満足のいくサービスは提供できません。自立に向けたOT、PT、健康を管理する看護師・保健師、美味しい料理を提供する調理師、癒しを提供するセラピスト、さらにはこうした専門職が安心して働くことを支える事務職員などの一体的なチームワークによって施設における介護サービス、しかも質の高いサービスが提供できるのです。職員は、このチームの働きを理解し相互に強く連携しながら日々の業務を行うのです。個々の職員はこの全体を理解し自分の仕事の位置を確認することが大切です。でないと、介護福祉そのものを理解することができないからです。

そのように深い中身を持った仕事であるにもかかわらず、現実には介護現場の仕事は将来が見えづらいことも事実です。

もちろん仕事に見合った給与体系を築くことも必要ですが、それ以上に、自分の人生の中で、どのようなキャリアを築いていきたいかというキャリアデザインの考え方が重要です。これを基盤にした人事考課やキャリアパスの構築、そのための仕組み作りや研修には、どんなに費用や時間を割いてでも取り組むべきだと思っています。

塚口：岸本さんの経営理念は確かに今までの概念を超えたものがあります。このことが「異端の経営者」と評されてきた原因かもしれませんが、社会福祉法人の硬い殻を破ったところにこれからの在り方を展望したクレドが構築されるように思います。

今まで、岸本敦ＣＥＯとその右腕である森脇さんから、社会福祉法人千種会の経営理念や具体的な取り組みの概要をお聞きしてきましたが、その取り組みを補完するために、職員の代表である皆さんから評価や意見を聞きたいと思います。

この座談会の司会は森脇さんにお願いしたいと思います。塚口は、所々で質問や意見を述べたいと考えます。

社会福祉法人千種会職員座談会

令和元年8月22日・Ｌｅｓ芦屋会議室

【座談会構成メンバー（五十音順、敬称略）】

コーディネイター　森脇恵美（社会福祉法人千種会法人本部長）

秋吉範子（特養・Ｌｅｓ芦屋管理者）
神谷知美（ＧＨ・Ｌｅｓ芦屋管理者）
田中一平（医療事業推進マネージャー）
長友建悟（有料・Ｌｅ ＭＯＮＤＯ支配人）
松尾智章（有料・Ｌｅｓ芦屋管理者）
松山泰三（特養・おおぎの郷施設長）

オブザーバー
塚口伍喜夫（岸本ＣＥＯとの対談者）
野嶋納美（出版本の編集責任者）
郷田真佐美（同上、編集助手）

【開催趣旨】

まず、開催趣旨について塚口より説明

塚口：こちらは、野嶋納美さんです。ＮＰＯ法人の副理事長で今回の本の編集責任者をやってもらっています。今回の本は何の本かというと、兵庫県内で社会福祉を牽引する特色ある人・リーダーを取り上げてきたシリーズ本の出版のための座談会です。この座談会で職員の皆さんの職場での状況、日々の業務への思い、将来に向けての抱負などをお聞かせ頂きたいと思っています。今までは、社会福祉法人神戸婦人同情会理事長の城純一さん、社会福祉法人さゆり会法人本部長の笹山周作・勝則さん兄弟、社会福祉法人白鳥会理事長の西川全彦・八寿子夫妻、そして今回は、社会福祉法人千種会ＣＥＯの岸本敦さんを取り上げることにいたしました。誰を取り上げるかは、この出版を企画しているＮＰＯ法人福祉サービス経営調査会の理事会で決めます。

岸本さんは福祉業界では異端児とみられています。今までの慣習や価値観に捉われず、自分なりの価値観で社会福祉法人経営を進めてこられました。この本の編集の中で、職員のみなさんから岸本敦ＣＥＯの経営評価も含めて意見を聞かせていただきたいと思っています。

職員のみなさんの状況を最も良く知っておられる法人本部長の森脇恵美さんに今日のコーディネートをお願いしています。

森脇恵美氏

職員座談会＝岸本ＣＥＯの経営をめぐって＝

森脇：今日のメンバーは九州保健福祉大学を卒業してこの法人に就職し、現在も頑張っておられる九州保健福祉大学の1期生、2期生です。座談会中、仕事の関係でメンバーが入れ替わり立ち替わりになると思いますがよろしくお願いします。

はじめに、千種会入職の経緯も含めて簡単に自己紹介をしてください。

神谷：大学での塚口ゼミ生であった神谷知美です。１期生で出身は九州の宮崎です。入職した経緯は、もともと宮崎を

神谷知美氏

出る気はまったくなかったのですが、宮崎の老人ホームの就職試験を受けて落ちてしまって、いよいよ後がないとなった時に塚口先生から「神戸に行くか」と言われ、同期で親交のあった松山さんも一緒だったので神戸に行くことにしました。

森脇：長友さんを含め同期3人で、初めて岩岡の郷に来られましたね。

神谷：はい、そうです。長友建悟さんは大学時代あまり話したことがなかったのですが、同じゼミでしたので、一緒に見学に行きました。

森脇：1期生の神谷さん、松山さん、長友さん3人で神戸市西区の特養・岩岡の郷に見学に来てもらいました。今も、同期3人とも法人で働いてくれているということですね。

神谷：16年。今年17年目になります。

森脇：最初に岩岡の郷に来た時の印象は。

神谷：神戸はすごい都会だと感じましたが、岩岡の郷の周辺は、畑もあってよかったなと感じました。

森脇：そこでは岸本CEOには会ってないですか。

神谷：挨拶はさせてもらったと思いますが、こんなに若い人が事務長なんだという森脇さんの印象の方が強くてCEOのことは覚えてないです。

森脇：はじめてCEOに出会った場面を覚えていますか。

神谷：どこだったか覚えてないですね。

森脇：16年働いてきて、初めの印象から何か変わったことはありますか。

神谷：初めは仕事についていくのが精一杯で、怖い先輩もいたりして精神的にしんどい時期もありましたが、周りの支えもあり今まで頑張ってこられました。5年ぐらいの間隔で異動があり、辞めたいなと思う時期に差し掛かったとしても、また一から頑張ってみようかなと切り替えて続けてこられました。

森脇：私自身も同じような経験があったので、定期的な異動は一つの利点かもしれないですね。異動するところがあることで、「退職」という選択だけで考える必要が減ります。

松尾智章氏

松尾：九州の長崎出身の松尾智章です。私は2期生で塚口先生からの紹介で来ました。私は進学するつもりでいたので、就職する気はなく、就職活動をしていませんでした。先生がいろいろ心配して下さっていました。ちょうど後藤一男施設長と岸本CEOが宮崎に来られていて、その時面接をするということで8人ぐらい一緒に面接を受けました。それが初めての就職面接でした。とても緊張していましたが、質問の内容が本当に就職の面接なのかというような、雑談に近い感じでした。一応就職面接で聞かれそうなことについて準備をしていましたが、それを聞かれることがなかったという印象です。

森脇：その時は、岸本CEOと後藤施設長だったのですね。最初の印象はどうでしたか。

松尾：緊張であまり覚えていませんが、堅い感じかと思っていましたが、距離感が近いという印象を受けました。その印象は今でも変わっていません。仕事の時も正職員やパート職員など関係なくスタッフの所にきて声をかけてくださるので、良い意味でも悪い意味でも距離が近いと思います。私たちは日頃の会話の中である程度CEOの真意を汲み取っていると思いますが、普段あまり交流のないスタッフに対してCEOがお話しされている時に、真意が伝わるかどうか私が冷や冷やすることがあります。

塚口：神谷さんもそうだと思いますが、松山さんは神戸のような都会には怖いので行かないと言っていましたね。

森脇：松山さんは今でも「神戸に行くつもりはなかった」と言っています。給料を見たときに宮崎よりも高いと思ったようです。みなさん九州を出るつもりはなかったようですね。

松尾：お給料を考えたら、一回出た方がよいと言われました。

塚口：神谷さんもそうだと思いますが、宮崎出身者は宮崎を出たくないようです。それを神戸に引っ張ってくるのは大変でした。

森脇：その当時は、この業界も今ほど人材不足ではありませんでした。ただ、少しずつ人材が不足しつつあった時期で、私たちも塚口先生からのご紹介で九州保健福祉大学を卒業してくる人たちに就職していただきました。その当時に来てくれた人たちが現在の千種会の柱を担ってくれている部分があるので、一つの大きな流れになっているかと思っています。

長友建悟氏

他の法人からの転職

長友：見学に来たときは、私は違う法人の面接を受けました。大学時代の私は、まじめに勉強していたとは言い難く、介護の知識もなく専門用語もわかりませんでした。面接でどのように答えようかと考えて、「利用者様の人気者になりたいです」と答えました。それは当り前だと言われたのを覚えています。それが少し威圧的に感じられ、怖い施設長のもとで働くのは不安だなと思って施設を出ました。次に岩岡の郷に行きました。後藤施設長との面接の内容を後で聞くと、「九州から出てきてくれてありがとう、給料ももっと増やしていくからな」などと言われたと知り、この差は何だと思いました。ホテルに泊まった夜にすごく不安になって眠れなくて、朝に、先生に「不安になりました。就職を少し考えさせてください」とお願いしたくらいです。結果的には、その施設に就職し9年10か月勤めました。辞めようかと悩んでいる頃、偶然研修で神谷さんと出会い交流を再開しました。神谷さんにも相談し、千種会への転職を考えるようになりました。千種会のことを調べたら住んでいる近くに施設があってお世話になろうと思いました。初出勤の前日に岸本ＣＥＯに呼ばれ面談を受けました。部屋に入るといきなり「おまえか」と言われ、直接的な話し方に驚いたのを覚えています。強烈な印象を受けました。

森脇：初めて会ったときはどうでしたか。

長友：この人はいったいどういう人なんだろうと思いました。またちょっと不安になりました。当時働いていた施設からの引き抜きになることを気にされ前職の施設に挨拶に行くと言われました。当時は正直気が進みませんでした。かえって居心地が悪いようにも感じました。でも実際に行ってみると、岸本ＣＥＯが自ら、当時の施設長に頭を下げてくださり、いま思うとすごいことをしてもらったと感謝しています。

森脇：今でも筋を通す姿勢は変わってないところだと思います。

塚口：ある法人の前の理事長が放漫な経営をしたからこの法人の将来は危ないと思いました。私は、そこはつぶれるかも分からないというのがあって、私も、長友君が転職するのを助言しました。一生懸命やっているが将来どうなるかわからないので。当時の園長から大事な職員を引き抜いて困るなと言われました。転職は正解だったと思っています。未だに理事長からも言われますが。

森脇：実際転職してどうですか。

長友：転職して良かったと思います。その後何人か同じ施設から転職してくる人がいました。それで前職場から呼び出され、これ以上人を引き抜かないようにとお願いされました。当時、そんな意識はなかったのですが。

塚口：長友君は、中西園長といい関係をつくっていました。前施設でも、周囲と良い関係をつくっていました。それだけに余計ダメージが大きかったと思います。

田中一平氏

おしゃれな神戸へ

田中：九州保健福祉大学東洋介護福祉学科の卒業生です。千種会に入職するきっかけは松本由美子先生（九州保健福祉大学社会福祉学部東洋介護福祉学科助教授）から関西の方に良い施設があると紹介されたことです。私は、和歌山の出身です。関西出身ということで、その話をいただきました。私のふるさとは和歌山でも田舎の方で、宮崎とは台風が来るところや山・川・海があるところが似ていました。私自身は、都会へ出たくて仕方なかったです。ただ、大阪や東京は、友達がいて遊びに行くこともありましたが、自分には都会過ぎるかなと思っていました。先生のご紹介の施設は神戸にありました。神戸は昔からおしゃれでスマートなイメージを持っていたのですごく惹かれました。松本先生のことを信頼していたということもあり、面接に受かったらぜひ行きたい気持ちが芽生え、どうするか聞かれて、「行きます」と即答しました。ホームページの「おおぎの郷」の吹き抜けの写真を見て、これまで実習などで訪れた施設とはイメージが大きく異なっていて、明るくて洗練されていると感じ、ますます気持ちは高まりました。

実は、松本先生から打診を受けている時、一緒にいた友達がそれを横で聞きながら、「僕も神戸行きたいです」と言い出しました。私は関西出身ということでこの話をいただいたのですが、結局、宮崎と福岡出身の友人も一緒に希望し、東洋介護福祉学科からは5～6名が面接を受けることになりました。面接は大学の一室で行われました。

塚口：岸本さんと後藤さんがわざわざ来てくれたので、私もびっくりしました。法人の幹部がわざわざ大学まで訪ねて来るというのは、しかも関西からは初めてでした。

田中：松尾さんと一緒で、当日に備えて面接の準備をしました。でも、準備した内容は一切聞かれませんでした（笑）。「長男やから将来は和歌山に帰る気やな」と聞かれて、帰ると答えると不採用になると思い、「帰らない」と答えました。他には、一人暮らしで自炊しているのか、得意料理は何かと質問されました。どうやらこの質問は当時の定番のようです。私は「焼き飯が得意です」と答えると「そんなん料理じゃない」と返ってきました。何でうちの法人なのかということも聞かれました。ホームページを見た感想を答えました。あと、これは笑い話なのですが、当時のホームページに食事はバイキングを取り入れていると書かれており、その話をすると「そうやねん」と盛り上がったのですが、実際はやっていなかったのです。おそらく「食事」がポイントだったのだと思います。「食」に対して強いこだわりがあることは、当時から今も変わっていませんね。

　3月1日から試用期間が始まると森脇さんから連絡があり、早いなと思いながらも行きました。僕らみんな素直だったので（笑）。当時、優秀な子は岩岡に行ってそれ以外はおおぎに配属されるという根拠のない噂がささやかれていました。私たち東洋介護学科の3人はおおぎに配属になりました。3か月の試用期間が終わってみんなで飲みに行ったときに、お給料の話になり、話がかみ合わないなと思って聞くと岩岡の方が高かったのです。思わず、「やっぱり」と思いました。

森脇：当時は、まず六甲福祉会で試行して千種会にという流れがありました。そのため、給与体系の整備も岩岡の郷で先行して行われていました。その当時は、まさに給与制度を改変する過渡期だったと思います。

**　ただ優秀かどうかで配属が変わるという噂は、私も今初めて知りました（笑）。**

田中：友達と一緒だったので、働き出しても学生気分が抜けていないところがあったのかなと思います。特にストレスを感じることもありませんでした。当時はまだ法人もこじんまりしていてシンプルで人材不足で大変という感じでもありませんでした。神戸は行ってみたかったところでしたし、おおぎの郷も綺麗でしたし、とても働きやすくいい所を紹介してもらえたと1年ぐらいは過ごしていました。

岸本CEOをどうみているか

森脇：仕事を始めて15年～16年目になってきて、千種会や岸本CEOに関することでとても印象に残っていることはありますか。

長友：私は千種会に来るまでは、従来型特養しか知りませんでした。千種会に来て、当時新しくできたユニット型の特養を見て、何て綺麗なところだと思いました。その部屋代が1日5000円というのを聞いてとてもプレッシャーでした。5000円払っているお客様なんだと。これまでの考え方が通用しないと思いました。脱線しますが、転職して神谷さんと働くようになり、率直に「負けたな」と思いました。同じ時間が経っているけど、自分とのケアの質に大きな差を感じました。その時に、自分は介護職での勝負は無理だと思い、相談員の方に進んだのかもしれないです。

森脇：その当時そのような話はお互いしたのですか。

長友：したと思います。

森脇：Les芦屋でアルバイトをしている学生さんで、就職面接を受けてくれた人がいるのですが、ここに来て神谷さんをリスペクトして受けたといっていました。

さて、甲南山手から高価格帯の施設展開が始まったわけですが、窓口としての相談員はかなり苦労したと思います。何か印象に残るエピソードはありますか。

長友：入居相談センターに配属になって、岸本CEOから今日の成績はどうかと聞かれ報告する際に、「おおぎの郷を1件取ってきました」と報告すると「待機者が多い従来型特養を取ってきて俺が喜ぶと思っているのか」と怒られました。私は褒められると思って報告したのに、そのように言われたのを覚えています。とても大変だなと思いました。

松尾：岸本CEOが常に言われている「料金に見合ったサービス」を提供するという発想が自分にはなかったので相談

員になった時に苦労しました。従来型の介護職として長く働いていたので、お金のことなど何も知らなくて相談員になりました。そしてその料金体系やそれに見合った、否、それ以上のサービス提供が必須だと聞き、そのことに驚き、また、プレッシャーを感じました。やっていくうちに、岸本ＣＥＯが言われていることが理解できるようになってきました。16年目に入り、千種会が変わっていくところを間近に見てきたと思います。入職したころは他の施設とあまり変わりがなかったと思いますが、今は清潔で洗練された空間を演出することを大切にするように変わってきたと思います。そのことを理解するまでに少し時間がかかりました。今にいたるまでにいろいろ葛藤がありました。

森脇：他の人も同じようなエピソードはありませんか。このやりとりは相談員が多いかもしれないです。

田中：私はデイサービスセンター「甲南山手」の立ち上げのときに、オープニングスタッフに加わりました。最初に、フィットネスクラブのようなマシンと、吊るした紐で体操をするというデイサービスのイメージを聞いた時は、まったくイメージがつかめませんでした。実は、デイサービスの立ち上げメンバーになったのは、ＣＥＯの勘違いから始まりました。いきさつは、ＣＥＯから新しいデイサービスのイメージを聞いたときに、フィットネスクラブのように感じて、「行ってみたいです」つまり、そんなデイサービスセンターなら、自分が利用してみたいですという意味で言ったのを、オープニングスタッフとして行ってみたいと勘違いされたんだと思います。後日、デイサービスセンター「甲南山手」の立ち上げをやってみるかと言われ戸惑いました。でも結果的にやってよかったなと思います。当時はそういったデイサービスが無かったので、ケアマネの反応は「そんなの高齢者が利用するわけない」という感じでした。なので営業はとても大変でした。今考えると、うちの食事やアメニティ料金が高いということはありませんが、当時のデイの相場が食事代５００円だったのに、甲南山手は８００円でした。高いと言われ6月１日のオープンは登録人数５人のスタートでした。１日１人しかいない日もあり、岸本ＣＥＯに毎日の利用者人数を報告して怒られていました。

大変だった特養「甲南山手」の立ち上げ

森脇：甲南山手の立ち上げは本当に大変でした。高価格帯と初のユニット型、またデイサービスなどの変わった体系、減免の取り扱いの問題など営業にとても苦労しました。みんな病気になりそうなぐらいでした。

田中：同じ立ち上げメンバーの秋吉さんは同士のような感じでした。毎日岸本ＣＥＯから「秋吉！」「田中！」と、その声が施設内に響きわたるぐらい大声で呼び出されていました。

森脇：その当時、松尾さん神谷さんは、まだ岩岡でしたね。甲南の立ち上げの話など聞かれ、新規事業に興味を持ったり、異動したいという希望はありましたか。

松尾：異動は声をかけられるものだと思っていました。3年5年など一定期間したらみんな声を掛けられて異動していきましたけど、私はまったく声がかからなくて不安になりました。辞めようかなとも少し思っていました。でも、いずれにしてもこのままではと思い、まずは自分から岩岡内での異動を希望したりもしました。千種会に異動してからはいろんな経験をさせてもらいました。甲南山手は一番大変な気がします。

森脇：甲南山手がターニングポイントというか

田中：毎日夜中の12時まで働いていました。12時が終業時間という感じでした。やりがいはあったと思います。営業活動もスタート時点の甘さがあり、集客に苦労しました。岸本ＣＥＯも、一緒に12時ぐらいまでパンフレットなどのツールづくりや営業のポイントなどの戦略を考えて下さり、楽しくもありました。それがうまくいって集客につながるというところは楽しかったですし、1か月25人の契約を取ったり、一気に反応が出てきたときは達成感がありました。こんなデイサービス誰が来るのと言われているなかで、お客様が増えていく感覚は楽しかったです。

今までと違った営業活動を

森脇：いろいろなことに苦しみながら、今までの社会福祉法人の従来型の事業と違うやり方をしないと行き詰まり、『経営』という視点から企業的な考え方を取り入れていく必要があったと思います。

田中：そうだと思います。実績報告会も当初は取組が中心で数字にはまったく触れていませんでした。

塚口：営業活動とはどのようなやり方ですか？

田中：まだアナログでしたが、地図をつなぎあわせて居宅介護事業所と在籍のケアマネジャーの人数を調べて、うちの事業形態的に要支援の方に対象を絞り、地域包括を持っている所を地図に落とし込んでいきました。そして、甲南山手から半径このぐらいの営業範囲が送迎可能なのではないかと検討したり、ケアマネの在籍者が多いからここに営業を掛けるのが有効ではないかを検討したりしました。今はタブレットなどで可能ですが、当時は地図を広げてやっていました。

塚口：洗い出したところを個別訪問するんですか。

田中：個別訪問しました。あとはあまり成果がありませんでしたが、クリニックにデイサービスのチラシを置かせてもらいました。

　当時、甲南山手は高価格帯という位置づけだったので、六甲アイランドや芦屋の山手などに自分たちの足でポスティングをしたりしました。これは反響があり、それも成功した要因だったのではと思います。戦略を立てるのが楽しかったです。

塚口：今までやったことのない仕事ですね。

田中：そうですね。このような仕事をまさかするとは思っていなかったです。

塚口：田中君がその仕事をして楽しいと感じた。そのように思わせる岸本ＣＥＯのやり方も独特ですね。普通だったら嫌になって辞めていったりする可能性だって考えられます。

田中：辞めようと思ったことは何度もありました。踏みとどまれたのは、周囲の力もあると思います。まだおおぎの郷にいる頃、松本先生にも辞めたいと相談したこともあります。たまたま松本先生が神戸に来られているタイミングで相談しました。松本先生からは早すぎるからもう少しいるようにアドバイスをもらいました。そしてそれに従いました。なにせ素直な性格なので（笑）。

岸本CEOに怒られるというエピソードの一つで、今だから笑い話としてお話しできるのですが、私が宿直でデイ甲南のお風呂を使っていた時に、いつもの「田中！」という声が聞こえてきました。途中で出るに出られず、結局お風呂に入っているのを探し当てられてしまい、裸のまま30分ぐらい怒られました。

営業部隊の編成

森脇：長友君が入職したころに、営業を担ってくれる営業部隊が必要ではないかということが具体的になってきていました。施設ごとの入居相談をそれぞれの相談員が受けるという形ではなく、入居相談センターとして、トータルで入居促進を担う営業部隊を作ろうという時でした。それも何もない状態からのスタートでした。

塚口：長友君は営業活動で成長したのではないですか。

長友：それはあると思います。それ以前にも、前の職場に入職したとき同期がいなくて、先輩たちの中に入っていかなければいけませんでした。それまでの人生では、そこまで人との付き合いについて考えたことは無かったのですが、その経験を通じて人付き合いは大切なんだと学びました。

森脇：（先生に）長友君が営業をしているというのは想定外ですか。

塚口：そうですね。学生時代は話すのも苦手で、少し引いて見ているタイプでした。

松山：長友君は学生時代1人2人の少人数でいるタイプでした。

塚口：ここでは田中君だけが介護を学んで卒業しました。他の人は介護の本質なんて勉強していません。

森脇：初めて岩岡の郷に来られた時は大変だったのではないですか。

松山泰三氏

塚口伍喜夫氏

松山：大変でした。使用する備品の名前もわからないような、まったく知識のない状態でした。専門学校から来た人たちはそれが普通にできている状態だったので、周りからはそのようなことも知らないのか、ということを言われました。加えて、言葉がおかしいとご利用者様に言われ話せなくなりました。ただ、宮崎弁は丁寧に聞こえているようでした。関西弁は怖く感じ言葉の壁がありました。

ホスピタリティとはなにか、を学ぶ

森脇：**入職してきた時の施設と今の施設のここが大きく変わったなと思う所はありますか。**

田中：変わったのはホスピタリティでしょうね。昔は、金髪に近いような髪をしている人がいたり、親しみを込めていたのか少しなれなれしい言葉遣いの人、服装もユニホームを着崩したようなだらしない人が多かったです。

森脇：**清潔感や身だしなみは徹底的に改善しようと取組みました。**

長友：前の職場では私服の人もいて、それが嫌だったので、こちらに来てみんながきちっと制服を着て身だしなみを整えているのを見て、清潔感があり千種会の方が気持ちがいいと感じました。

塚口：先日岸本さんと対談した時に、ホスピタリティということで金髪や無精ひげ、ヨレヨレのＴシャツで高齢者の介護をすることが良いのか、という問題提起をされていました。それは他の施設ではないと思います。高齢者だけでなく、障害者福祉の現場でもそれが当たり前の状況です。それは当り前ではないと、それは介護をされる人にとってとても失礼なことではないかと、岸本さんは言われていました。そのことについてどのように思われますか。

長友：仕事を聞かれて福祉と答えると「偉いですね」という反応が返ってくることがありますが、いつも微妙な心持ちになりました。ボランティアのような要素が強く、身なりなどについても例えば茶髪でも仕事ができるような所だろうと思われているようで。そのようなことから岸本ＣＥＯが言われているのはこのことかと思いました。

田中：自分は、ＣＥＯの言われていることには疑問を感じず、むしろ当たり前と思っていました。甲南山手がオープンした時に、岸本ＣＥＯにリッツカールトンホテルに連れて行っていただきました。岸本たか子理事長と娘さんもいらっしゃって一緒に食事をすることになりました。その時、下座の椅子に座ろうとしたら、ＣＥＯからソファーに座るように指示され、「その席が一番スタッフが見えやすい場所だから、動きをよく見ておけ」と言ってくださいました。身だしなみやどんな動きをしているのか。そういうプロフェッショナルを目指していくということを理解しやすかったです。

森脇：リッツカールトンホテルを一つの見本としているところがあります。先程の長友君の話に私も思うところがあります。介護や福祉の仕事をしていると言ったときの一般の人の反応は「偉いですね、大変ですね」です。その後に声には出てこないですが「私にはできません」というのがくっついているような気がします。一般の仕事と介護の仕事をまったく別のものというように良い意味でも悪い意味でも捉えているのではないかと思います。ＣＥＯとしては、そうではなく一人の企業人としてスタッフのみんなが社会のなかで受け入れられるような職場にしたいという思いがあります。それをやろうとしたら中途半端なやり方では無理です。何かしら突き抜けないとそれを実現することは不可能ではないかという思いがあったと思います。少しでも本物やよいものを見せて触れさせたいと考えています。

秋吉さん、当時は大変だったと思いますが、甲南山手の立ち上げのエピソードは何かありますか。

秋吉：今は笑い話ですが、当時はとても大変でした。ＣＥＯから名前を呼ばれると逃げ出したくなるぐらい追い詰められていました。毎日怒鳴られていました。

岸本ＣＥＯの「指導」の評価は

森脇：ＣＥＯは、あのときに比べると丸くなったと思います。

みなさんから見て、岸本敦ＣＥＯはどんな人ですか。

田中：私は営業戦略を立てる時でも、データなどの根拠がないと動けません。そういうものの積み上げで今後の方針を決めていく理学療法士の特性もあるかもしれませんが、ＣＥＯの場合、根拠は「自分」だという感じです。私は、そのようなところが腹立たしく思うこともあり、間違ってたら間違っていますよと言えるのですが、悔しいことにＣ

秋吉範子氏

ＥＯの戦略は合っているのです。私にはそのような決定の仕方はできないです。ＣＥＯだからＬｅｓ芦屋ができたのかなと思います。データとか根拠を積み上げていくとＬｅｓ芦屋はできていないかなと思います。

秋吉：甲南山手を開設したときに、ＣＥＯが減免制度の弱点を踏まえて「ケアマネなのに何でこのことが理解できないのか」と言われていました。たしかに最初は、私たちもＣＥＯが言われていることを理解できていませんでした。当時は仕事だからやらないといけないと思ってこなしていましたが、年数が経つうちに「このことか」と理解できるようになりました。オープン当時は周囲の理解を得られなくても3年ぐらい経つと施設の良さを理解されるようになり、満床になったとき「間違ってなかったのだ」と思うようになりました。

森脇：はじめは受け入れてもらえないところがありますね。

松尾：ついて行くのは大変ですけど、結果がでてお客様が喜ばれているので良いのかなと思います。

秋吉：サービスが周りに受け入れられるまでに時間がかかります。

森脇：そうですね。前例がないことにチャレンジしているというところで時間がかかるのかもしれないですね。

松尾：強引なところもありますが、その分ひらめきもあると思います。

森脇：ひらめきというかアンテナを張り巡らせておられますね。1つのキーワードとしては名門のゴルフ場のようなサービスが提供できる場所になりたいという思いがあるのではないかと思います。「保守的」という言葉にそれが表れていますが、敢えて敷居を高くするという考え方を好まれます。福祉だからということで妥協したくないという思いが強いですね。

秋吉：他がやっていることと同じことをしても意味がないと思われているのではないかと感じます。

田中：それはありますね。

森脇：面白いと感じたら、他がやっていない新しいことにもチャレンジされます。その一方で、根底にはクラシックな考え方が存在します。最近、そのクラシックさは田舎の文化のようなものがベースになっているかもしれないと感じるようになりました。

田中：ＣＥＯ語録みたいなのがありますよね。例えば、「人と同じことはやったらあかん」。

長友：「人と真逆をいくから唯一の存在になれるんだ」とかはよくおっしゃいます。
松尾：スマートカジュアル。
長友：ＣＥＯと飲む機会があって、その時ホトトギスの話になって、ＣＥＯは鳴かぬなら殺してしまえホトトギスを選択されて、やっぱりなと思いました。信長のように情が深いと感じています。
田中：戦国武将好きですよね。私も信長っぽいと感じます。
森脇：情みたいなものを感じるときはどんな時ですか。
長友：最近よく泣いていますよね。
森脇：もともと涙もろいのかもしれませんが、面接のときにも、話しているうちに思いがあふれて最近よく泣いていらっしゃいます。
松尾：理不尽なことを言われることもありますが、人のことをよく見ていて相手の思いを大切にしてくれたりします。
秋吉：厳しく言った後に、そのことを少し気にされているところがありますね。
松尾：みんなの前では厳しいことも言われますが、後で個人的にフォローの言葉かけをされます。
松山：私もさっきは言いすぎたというような内容の折り返しの電話をもらったことがあります。はじめてのことでその時は驚きました。森脇さんがフォローしてくださったのかと思いますが。
森脇：一般的にトップの人は自分の間違いを認めたがりませんが、CEOの場合は、間違っていたと思ったら素直に謝られます。ここはすごいなと思います。
松尾：そのような姿がたまに見えるから、続けられるのかもしれないです。
森脇：こんなことがあったら辞めてやると思うことはありますか。
田中：甲南山手の立ち上げのときはいつも思っていました（笑）。
秋吉：私もです（笑）。
田中：先程のポスティングの話で、チラシの準備を秋吉さんと話しながら進めていたら、「なに秋吉とニコニコ話しとんねん」と怒られました。あのときは「そこ⁉」と思いました。

森脇：エピソードにものすごく人間味が感じられますね。

ではここをもう少し直して欲しいと思う所はありますか。

長友：「ええよ」と言っていたことが、急にひっくり返るとこですね。

田中：しかもＣＥＯから言い出したことだったりすることがあります。

困るのは、ＣＥＯが一方的に話されていて、私が返答に困り「はいそうですね」と返事していたら、後日、別の人に、「田中も言うてた」と説明されているときがあります。全然思っていないのに周りに誤解されることがあります。

松尾：興奮されて話されている時の暴言です。私たちは慣れていますが、他のスタッフはびっくりするので改善して欲しいですね。

森脇：みなさんは付き合いも長いので、直接やりとりすることがあって、分かって対応している所があると思いますが、部下など他のスタッフにＣＥＯからこのような指示があったと説明する時の苦労などありますか。

松尾：噛み砕いて、噛み砕いて説明していますね。

長友：お金のことについては説明しにくいですね。

松尾：スタッフはお客様に良いサービスを提供することが一番で、なかなかお金と結びつかないので難しいですね。特に従来型の施設で働いていた職員が入職してきた時に今までと同じようなサービスを提供しがちで、感覚がまったく違います。いただいている料金に見合ったサービスとはどのようなものか考えてもらうことが一番難しいと思っています。

森脇：そのことについて工夫していることはありますか。

長友：Ｌｅ　ＭＯＮＤＯで月１回スペシャルランチを提供していますが、厨房スタッフに自分たちで収支を含め内容を考えてやってもらうようにしています。その管理の中で、月の売り上げが右肩上がりになっていると、やはり嬉しいようです。そこから積極的に取り組むようになり、スペシャルランチのオプション料理が増えているといったところです。厨房スタッフも楽しんで取り組んでいると感じています。また、お客様の送迎費用についても、料金設定を明確にさせていただいたことで、対価に応じたサービス提供をより心掛けるようになりました。サービス＝奉仕ということではなく、「お金をいただいて提供する」ということが、お客様との関係をより対等にするようにも感じています。

森脇：この仕事に携わる人は、奉仕の精神が基本にあるので、サービスを提供して対価をいただくという考え方を落とし込んでいくことは大変だと思います。さらにいえば、お金を頂いているから対価以上のサービスを提供しなければならないというのが千種会の中にあるのかもしれません。

塚口：岸本さんがお金の話を付け加えてするときは、相手は昨日今日入ってきた職員ではないですね。管理的な責任を負っている人達に対して言っているので。これはものすごく大切ですね。一つ一つのコストをどのように見て、この事業を展開しているのかということを一般の職員は見ていなくても、少なくとも管理職に近い立場の人たちはしっかり見ておかなければいけないでしょう。それが見えない管理職は信用されないですし、そこのところは、厳しいようだけれど、自分はそういう立場になっているということを自覚しておかないといけないでしょう。

岸本さんのように怒ってくれる人は、あんまりいないと思います。電通で女性職員が自殺したことを契機に「電通鬼十訓」を取りやめました。そのことによって電通の前進力が衰えるのではないかと思います。介護の事業でも他の社会福祉法人と競争していかないといけないときに、自分がそこの管理職の一員としてどのような対応の仕方をしないといけないかということを見ておかないといけないですね。パワハラすれすれですね。

今でいうとパワハラだと言われるようなことをいっぱい私たちもやられてきて、成長してきた面がある。そんな軟いことばかり言っていて人間成長するのかな。どのように思いますか。

長友：私もそのように感じます。厳しく言いたいですが、言うとパワハラと言われますし。

松山：管理職として、自分がどのようなスタイルを目指すべきか、もっと威厳や貫禄をもってみんなを引っ張っていかなければと悩んだ時期もありました。一度森脇さんに相談した時に、「松山君のキャラクターの良さはもっと別のところにあるから、そっちはやめとき」と言われましたが（笑）。

でも確かに、最近は、やりとりをメモや録音に残していたり、裏に弁護士いるんでといってきたりいろいろな職員がいます。自分たちの時代は、先輩に厳しいことも言われましたが、それによって自分が成長した部分もあるし、正直今の管理者はどのようなタイプが良いのか悩みますね。ＣＥＯがおおぎの施設長だったとしても、上手くいくところと上手くいかないところがあると思います（笑）。

　自分がどのようなスタイルでやっていくのか、今は自分の個性に合わせて伸ばしていくのが良いのかなと思っています。

塚口：先日対談した時に思いましたが、岸本さんに一貫しているのは、ホスピタリティをどのように提供するのかを追及されていることでした。いろいろあると思いますが、そこにブレがありません。これは他の法人にないことかなと思ってそのことを記録したりしています。そこのところは大事ですね。勝手なことばっかり言ってと見ることもあるのかもしれませんが、その底流が何かということを探る、中間管理職は上と職員集団の板挟みになります。それはしかたないこと。板挟みになったところで上手くかじ取りしていくことが期待されているのです。

松山：同業者の人たちの話を聞くと、やはり赤字をどのようにしたら良いかという話題は多いです。なかなか新たなサービスを作って料金を取るという発想には至りませんが。この業界でも、最近ようやくホスピタリティやマナーも大切と言われはじめていますが、ＣＥＯは、何年も先行してそれを言われていました。何歩も先を行っているので周りに理解されませんね。どうしても、一般的には制度の中でどうするかという思考に留まりがちです。ＣＥＯのようにサービスを提供して対価をもらうという発想が大切だと感じています。

塚口：与えられた条件の中だけで物事を考えればそれまでですね。そこは大事なところだと思います。

森脇：**今はちょうど過渡期なのですが、これからそれぞれの立場のなかで、自分は千種会で今後どのように働いていきたいか、またこんなことにチャレンジしてみたいというようなことはありますか。**

長友：千種会がどんどん大きくなって、周りから千種会で働けているのを羨ましがられるようにしたいですね。

松尾：ホスピタリティを極めたいと思います。以前から取り組んでいるので、他の法人より良いのかもしれないですが、まだまだ改善できるところがあるので先頭に立って極めていきたいと思っています。

松山：福祉の大学を出て福祉業界に進むことを祖父が良く思わなかったことが未だにショックで、実家に帰って仏壇の前に座った時に、今の自分の姿を見てもらいたかったとよく思います。一般の方は実際に利用するようにならないと、介護や福祉の中身についてあまり知りません。私は、直接サービスを利用されない方にも、もっと身近に施設を感じて頂けるような活動をしてみたいと思います。いろいろなサービス提供コンテンツを持っている法人はそんなにないと思うので、一般の方にもそれを活用して頂くことから、地域社会に根付いていきたいです。

田中：神戸市東灘周辺で千種会の認知度が高くなってきています。大きな法人はフットワークが軽くないが大きなパワーを生み出せると思います。私が理学療法士になって感じるのは、健康な時からしっかり自分をケアすることが大切だということです。理学療法士としては障害をもつ前の予防に力を入れていきたいです。そういうところから、地域の健康寿命を延ばすような活動ができないかと思います。私が一人でやりますと言っても、一緒に動いてくれるところは少ないかもしれないですが、千種会としてやっていくことで周りも動かせるのではないかと思います。今回、保険外リハビリを一つの部署として動かすことになり、やはり個人事業として行う場合と比べて多くのメリットを感じます。さらに、このような事業が、地域を巻き込んでムーブメントを起こすような法人になっていけたらいいです。それに理学療法士として関わっていきたいです。私は、千種会はそれができる法人だと思います。他の法人であれば、そのような考えに至らず実現できないかもしれません。千種会は現にそのような動きをとっています。そんなことができる法人で働けていることにやりがいを感じています。

神谷：人として、今まで以上にお客様のこれまでの歩みや生活を理解して介護をしていきたいと思います。法人全体の介護専門職のスキルを上げて、チームとして一人一人に合ったケアの追及を目指したいと思います。

森脇：そのことは千種会のなかでもすごく大切だと思っています。私はみなさんと違って直接現場に関わっていないので余計にそのように感じるのかもしれませんが、世の中で人の人生にダイレクトに関われるのは介護の仕事じゃないかと思います。今まで接したことがないような人生経験や生活歴を持った方がたくさんおられ、自分たちより何十年も長く生きてこられた方々から受けるエッセンスは他に代え難いです。そういった意味で、恵まれた仕事をしているというように、スタッフの皆さんには感じてもらいたいと思っています。新卒で入職してくる人にも、介護の仕事は自分自身の成長や成熟の可能性がある仕事だということを伝えていきたいです。

私は、本当のハイクオリティは、ただ贅沢なだけではないと思っています。特に、Ｌｅｓ芦屋などは、外から来られた方から見ると贅沢で高級な印象だけが先行してしまいます。だからこそ、そこに至った意味を伝えないと、うちの価値やサービスが伝わらないと思います。それを伝えていけるスタッフを法人内で増やしていくことが大事だと思います。そういう意味では、みなさんが新しく法人に入職して来た人たちに、法人のことをどのように伝えていくかが重要ですね。

塚口：田中君が話をしたことでいうと、将来施設サービスを利用できる人が高齢者のうちの数パーセントとみています。ほとんどは在宅で自分の蓄えを使いながら、在宅の介護保険サービスを使いながら何とか暮らしていくという生活をされる方が大半でしょう。そうすると、施設経営をしている社会福祉法人が将来もっと地域に打って出る戦略を立てることが必要だと思います。各地域で町づくり会議などボランタリーな活動で在宅高齢者を支えていますがそれでは間に合いません。これが一つ。もう一つは、これからの高齢者の介護事業をみると、施設か在宅かのこの２つの選択肢しかありません。この２つでいいのか。在宅でもないが１００％施設サービスを受けているわけではない中間サービスがあってもよいのではないかと思います。近いのはグループホーム。ですがこれからこういうのが大事だと千種会の幹部のみなさんが検討して、そういうサービスを生み出していくことが、将来に亘ってものすごく大事になってくると思います。在宅か施設の二者択一を求められても。本当に高齢者の生活のなかからのニーズがどのようなものなのかよく見極めて、どこかの社会福祉法人がその試みをしていくということがあってもよいかなと思います。

森脇：**私たちの母体は社会福祉法人ですが、さまざまなニーズに対してその枠の中だけでは収まらない部分も出てきます。これに対してＣＥＯは、社会福祉法人の枠をはみ出した部分も含めて包括的にやっていこうという考えです。その一つに、田中君がやっていこうとする保険外リハビリがあります。将来はみんながそれぞれ独立して周辺事業に責任を持っていくという形でも良いのではないかと思っています。**

塚口：今の若い人とは言わないですが、壁にぶつかるとすぐに辞めようという発想になります。これはダメですね。壁にあたったらあたっただけ自分を強くして、これからのサービスの展開をどのようにしたらよいのかという展望を見つけ出していくような根性がないと。すぐに辞める人にはすぐに辞めろと言いたいですね。みなさんは辞めずにきている、これは力だと思います。

昨日の新聞を見ていると、京セラが税金を納めるのをサボって摘発されています。京セラを作った稲盛さんが「稲盛塾」を開いて経営のあり方について提案をされているのですが、稲盛さんが京セラを立ち上げたときに「目から鼻に抜けるような一流大学を出てきた人を大事にしないといけないと思ってきたが、彼らはすぐに転職してしまう。京セラを支えたのは三流や四流の大学を出てどうにもならないと思っていた社員たち。だから人の見方は一面だけでみてはいけない」ということを言っておられます。長友君のように勉強をあまりしなかった子が頑張っているわけですね。だから一人一人の可能性というのはいっぱいあります。それを自らどう引き出していくかということを考えながら、自分の部下や周辺の人達の可能性をどのように引き出していくかということを考えることが、これからのあなたたちの役割だと思います。

野嶋：私はかつて兵庫県社会福祉事業団にいました。事業団は大きくしっかりした組織で職員も長く勤めておられます。そこに力があると思います。みなさんも岸本さんのもとで長年勤めておられます。そこには岸本さんの魅力や組織の良さがあるから続けておられるんだと思います。昔、社会福祉法人に勤めておりましたが、そこでは十何年も勤めている職員はいませんでした。みなさんは幸せな部分があったと思いますし、みなさん自身が頑張って来られた部分もおありでしょう。介護偉いねだけど自分はしたくないよという世界ですね。この世界をこれから介護の世界に入ってくる人たちを育てていく仕事が大切だと思います。介護の仕事に携わる人を社会に誇れるような人材に育ててもらいたいです。

NPO法人で実務者研修を実施して4年目になります。だんだん質が落ちてきています。質は落ちてくるかもしれませんが、その人達に動機付けし育てていくことが大切になってくると思います。そうすると社会の評価も上がってきますし、介護福祉士の人達が社会に出ていって地域を巻き込んだ仕事ができるような存在になってくれたらいいなと思います。

後に続く人たちにメッセージを

森脇：みなさんが職員やこれから入職してくる人たちに向けて、千種会にこんな思いを持っているからこれから一緒にやっていこうというメッセージをどのように伝えますか。

田中：千種会は、常に新しいことに挑戦している法人なので多くのポジションがあります。そして、ポジションにより人が育つ部分があると思います。もちろん壁もありますがそれを乗り越えた時に苦労した分楽しいなと感じられるので、いろんなことにチャレンジしたいと思っている人は千種会にくるべきだなと思います。

松尾：どこに依頼しても希望通りにならないときに、自らサービスを作ってしまえばいいという発想になる法人。堅くてまじめな人にとってはつかみどころがないと感じるところがあるかもしれませんが、自分がこうしたいと発想したことを実現できる可能性は大きいです。挑戦したいと思ったことはどんどんやっていけます。何かしたいと思っている人は一緒に働いていきたいと思うし、そうじゃない人も変われるきっかけがつかめる所だと思います。

長友：職員の中には千種会のことを悪いようにとっているところがある人もいます。チャレンジを応援してくれるところなので、それをみんなに伝えたいと思います。いろいろな発想を出していって職員も楽しく働けて、お客様に喜んでもらえるようにしていきたいです。

神谷：今日みなさんの意見を聞いて改めて成長を感じました。私はこれからも、それぞれの個性や良さを伸ばし、弱い部分はフォローしながら一緒に働きたいと思っています。

松山：仕事は何でも大変だと思いますが、お客様との楽しいエピソードや苦労しながら壁にぶつかったりした話を通して、福祉の仕事の楽しさや面白さを伝えたいですね。

郷田：千種会を去ってしまいましたが、千種会しか知らない中で、1年ごとに新しい施設の立ち上げに関わるめまぐるしい14年でした。良い経験をさせていただいたからこそ、他の法人に行ってここからと思うこともあるし、仲間がいない状況で自分がどのように仲間を作っていこうかと模索しています。千種会を目指すことはできないと思いますが、良い所は取り入れていくことも含め、働いているスタッフには介護が好きでやりがいのある仕事だと思ってもらえるようにしたいです。ご利用者、ご家族、職員と関わる対人サービスは神経もすり減り楽な仕事ではありません。きちんと介護福祉士の資格をとってもらい意義を学んで心意気を持って働いてもらえる法人にしていきたいと思っています。近い法人ではあるので今後も協力しながらいきたいです。千種会の先輩方は皆さん良い人なので、私を見捨てないと思います（笑）。ここからまた頑張りたいと思います。

森脇：長時間にわたって、いろいろな思いや意見を出していただき有難うございました。この座談会を通して、私から言うのもおこがましいですが、この法人の将来は輝いているように感じました。強力な個性でリードする岸本CEOのもとで、CEOの大きな支えとなって頑張ってこられた皆さんに改めて感謝申し上げたいと思います。

この座談会に終始お付き合いくださいました塚口先生、野嶋さんにお礼を申し上げこの会を閉じたいと思います。

岸本　敦・森脇恵美　編

第二部　対談者（鼎談者）からのコメント

社会福祉をけん引する人物№４で岸本敦氏を取り上げた。岸本氏については社会福祉経営者として関係者の間で評価が二分する。その一つは、社会福祉の対象は社会の底辺に生きる人々に焦点を当てるべきであるにもかかわらず、その焦点を外している、とする批判。

その一方で、岸本氏は従来の社会福祉の概念にとらわれず、地域の特性をつかんだうえに、その地域の住民階層の生活・文化水準に合った独創的な質のサービスを提供している。この考えは、従来の社会福祉概念を超えた発想から生まれたものと言えよう。この考えを高く評価する関係者も多い。しかし、社会福祉関係者がこの新しい発想を普遍的に受け入れるかというと、それは難しいと思う。岸本氏に「異端の経営者」という風評が流れるのは、この新しい発想を受け入れ難い福祉関係者から出たものではなかろうか。これらの評価を含めて興味あふれる若い経営者といえよう。

〈人材確保に苦労はしていない〉

筆者が九州保健福祉大学に在籍していた２００３（平成15）年ごろ、岸本氏は後藤一男施設長（元兵庫県社協事務局次長）同道で筆者の研究室まで足を運び「卒業生を送ってほしい」という要望をされた。宮崎県北の延岡市に新設された大学には北は北海道から南は沖縄県まで優秀な学生が集まってきた。筆者は社会福祉学部の社会福祉計画学科に在籍していたので、介護学はまったく教えていなかった。介護福祉学をほとんど学ばなかった学生たちであったが、採用されたのち頑張り、社会福祉法人千種会の幹部職員として今日も活躍している。採用後の岸本氏、その右腕の森脇恵美氏の現場教育が優れていたと思える。その指導の一端は第一部の鼎談に見ることができる。

人材確保について付言すると、岸本さんの法人では人材に窮していないという。例えば、Ｌｅｓ芦屋の施設に行くと、これが高齢者介護施設かと驚く。玄関を入ると、まさに一流ホテルなみの設えである。そこにお揃いのユニホームを着た職員が応接する。この清潔さ美しさは訪ねてきた若者の心をとらえるだろう。岸本氏はこのために設えをしたのではないだろうが、結果的には利用者に豊かな居住環境を提供することと共に、職員の接遇に浸みついたホスピタリティが周囲の者を心豊かにする。訪ねてきた若者はこの環境の虜になる。

〈苦労は職員とともに〉

職員座談会の項を読んでもらえばよく分かるが、岸本氏は時には「生の感情」を職員にぶつける。職員もこれを受け止める。そこには、法人のＣＥＯとして威張った姿ではなく、ともに悩み苦しんでいる姿がある。職員は、この岸本氏の姿を我が事のように受け止めているように思う。

採用していただいた筆者のゼミ生（九州保健福祉大学出身）が結婚し1児をもうけたが、すぐ離婚した。岸本氏は、この職員の法的救護から仕事の継続、その子の保育園利用と筆者がビックリするような世話をしていただいた。この姿を職員はよく見ている。森脇恵美法人本部長が陰で岸本氏に助言している姿が瞼に浮かぶ。

〈賢明な補佐役を置くこと〉

いくら優れた指導者でも、一人の力は所詮一人の力である。特に、自らが苦境に立ったときや、大きな問題に直面した時、その打開の判断を独りでするのは方向を誤ることもある。一人の力を過信することを、指導者は戒めなくてはならない。筆者は、指導的立場にある人物を見るとき、その人物にどんな補佐役がついているかを見てしまう。

筆者が兵庫県社協にいるとき、そのトップである会長の補佐役的な人を見てきた。初代会長の朝倉斯道さんは桐山宗吉さん、本城敬三さん、田村亨さん、及川英雄さんなどそうそうたる文化人がその周囲にいて何でも相談されていた。筆者自身もこうした方々から大いに学ばせてもらったし刺激を受けたものである。

二代目会長の関　外余男さんは、内務官僚であった。終戦時は埼玉県知事でもあった。その関さんは、どちらかというと、孤高の偉人であった。本人自身がそう漏らしておられた。では、どうして判断を誤らず決断されてきたのか。それは周囲の人たちの動きや、自らが納得できないことは、納得いくまで調べ・検証し、また、相手に問いただす。この問いただされることには、部下であった筆者などはほとほと閉口した。「君、この企画の根拠は何かね」と納得いくまで問いただされる。そのうち、企画した側も襤褸が出てきて、企画の根拠が弱いことを自覚するのである。関さんの補佐役は、我ら出来の悪い部下であったのかもしれない。

三代目会長の金井元彦さんには、都健彦さんという秘書がおられた。都さんは世事に長けておられたし、その判断はいつも正しかったと思う。政治家は、自分が知らぬ間に危ない塀の上に立っていることがある。「この塀の向こうに落ちたらだめですよ」と助言してくれる都さんのような補佐役が絶対に必要なのである。

四代目会長の三木眞一さんは、とにかく、部下の意見をよく聞かれた。そして、耳触りの良い、おもねる意見は聞かれなかった。ここが三木会長の偉いところであった。この凛とした姿勢は補佐役の福富佑吉（当時は、兵庫県社協の常務理事）さんが控えておられたことが大きかったと筆者は判断している。

そして、４人の会長に共通しているのは、大変な読書家であったということ。書物は、人間ではないが、人間の知の集積物である、と思う。読書を通して示唆を得ることは大きい。

岸本さんには、森脇恵美さんという補佐役がおられる。岸本さん、森脇さんとの鼎談を通してこのコンビが続く限り岸本さんは舵取りを誤ることはない、と強く思った。

付言すれば、岸本さんは大のゴルフ好きである。これを批判する意見もあるが、岸本さんはゴルフを通して得た友人から多くの知恵や事業ヒントを得て、法人運営に活かしている。

佐藤光子・佐藤恒夫　編

第一部　対談（鼎談）

塚口伍喜夫氏

佐藤光子氏

介護福祉業界に参加する

塚口顧問（以下「塚口」と表示）：佐藤光子さんは、社会福祉法人ささゆり会の創設者である笹山周作さんの実姉であられます。ささゆり会は、平成６（１９９４）年９月に社会福祉法人として発足しておりますが、当初の活動拠点は姫路市でした。

ところが、創業者・笹山周作氏によると、平成10（１９９８）年１月に神戸市が特別養護老人ホーム（以下「特養」という）の経営者を公募していることを知り、それに応じたと言われておりますが。

佐藤光子施設長（以下「光子」と表示）：神戸市の特養設置は、西区と北区に多くありました。当時、東灘区と須磨区（須磨離宮近く）で特養開設を公募していました。その一つ、東灘区での設置にささゆり会が応募しました。その結果、平成10（１９９８）年２月に、神戸市より特養用地貸付内定通知をいただきました。それが、サンライフ魚崎の出発点です。その翌年、平成11（１９９９）年２月に、神戸市と魚崎での特養建設に関する委託契約を締結しました。

平成12（２０００）年１月、私がサンライフ魚崎の施設長として理事会、評議員会で承認されたのです。

私はその当時、子育ても終わり、学校のＰＴＡ、子ども文庫などの役くらいで手が空いていたと言えば、空いていた時でしたのでお引き受けいたしました。

塚口：主婦業で学校の役職をされていたとはいえ、施設の経営を統括する施設長に就任されるのには大きな決断が要ったと思います。

ご主人の恒夫さんのことについてお聞きしたいと思います。

佐藤恒夫氏

婦唱夫随の経営が始まる

佐藤恒夫法人副本部長（以下「恒夫」と表示）：技術の世界から福祉に飛び込んでどのようにやってきたかをお話したいと思います。まず、私の大まかな生い立ちをお話させてください。私は、終戦の翌年の昭和21（１９４６）年11月に岡山県那岐山麓のふもとで農家の長男として生まれました。姉妹と３人です。産後の肥立ちの悪かった母を３歳の時に失い、義母に大変お世話になりました。父は、屈強な体格で最盛期に母と２人で米５反、葉タバコ１町３反、葡萄５反（１反は３００坪、１町は３０００坪）を営んでいました。中学まで農作業を手伝わされ、草刈りや土寄せ作業で鎌や鍬やのこぎりの使い方を覚え、足腰を鍛えさせられました。それゆえか中学時代は、中距離選手として郡内の駅伝に１年生から出場しました。高校の入学式の日に山奥からでは到底大学に入ることはできないと痛感し、３年間はすべてを受験に集中しました。何とか40人の定員内に入れたのが名古屋工業大学電気工学科でした。大学紛争で卒業式もありませんでした。そのまま修士課程に進みました。その当時、大学院入試はドイツ語が必須で大変でした。半導体が超人気の時代に、動きが見えるモーター研究を学部・大学院と３年間専攻しました。就職は、松下電器産業株式会社に応募しました。おもしろくないモーターをやりたい人はほとんどいない時代のため、無試験で歓迎されました。

余談になりますが、野球が好きで、同僚と昼休みに真夏も真冬も年がら年中、70m離れた相手の胸の正面めがけて遠投のキャッチボールに15年近く熱中しました。そのおかげで、この50年間元気でおられると思っています。介護職員さんができない事を手伝えられると思ったので福祉に再就職したのです。

佐藤施設長

前置きが長くなりましたが、ここで本論に入りたいと思います。家内が施設長を引き受けたときは、私はパナソニック　モーター社（旧松下電器）の技術責任者を担当しておりました。モータ社では開発技術部門に３００人くらいの技術者がいました。

入社は昭和46（１９７１）年、電動機研究所でした。郵便局では当時職員が通帳への金額記入を手書きでしていました。郵政省は、これを機械に代えようとしていました。郵政省とパナソニックが共同開発していた窓口会計機の駆動モータの開発が私の初仕事でした。フロッピーディスク装置やハードディスク装置・車載用駆動モータの開発を経て溶接ロボット用モータの開発が技術者として現役最後の仕事でした。年月を経るなかで、製造部門や仕入れ部門の責任者を経験し管理技術や交渉技術・購買技術を学びました。日本および欧米の主要なＯＡ・ＦＡ・自動車メーカとお付き合いできた貴重な30年余りでした。

家内が施設長を引き受け、しかもまったく新たに神戸魚崎の地で船出をすることを聞いて、少し心配はありましたが快く賛成しました。たまたま、その2年後に不景気で会社のリストラ募集がありました。以前から55歳になったら退職し、田舎に帰って農業を継ごうと考えていましたので、早期退職して妻の事業を支えていこうと決心をし、覚悟を決めました。家内は生活の事は何でもできる、私は、高齢者の皆様の生活部分以外の施設運営や安全保守で支えていこうと思ったのです。施設でモータの使われていない設備機械はまずありません。何か役に立つだろうと思ったからです。笹山周作施設長（当時）にお話したら、是非来てくれと喜んでくれました。

塚口：恒夫さんの覚悟は素晴らしいと思います。恒夫さんはパナソニックモータ社でその当時、技術責任者として３００人の部下と一緒に仕事をしていたのに、そこを早期退職して奥さんの活動を裏支えしようと決心されたのですから、根底には深い愛情が見て取れます。

施設開設は、多面的な対応が求められます。膨大な関係書類の作成、職員の採用と配置、事務機器や調度品の購入と配置等本当に大変な事務量をこなさなければなりません。恒夫さんが裏方として、その業務をこなされたのではないですか。今日、編集者の一人として臨席いただいている丸山絵理子さんが補佐をされながら進めてこられたのではないかと推測いたします。

特別養護老人ホームサンライフ魚崎外観

恒夫：一つの組織を動かすには、その組織の動きを支える裏方がどれだけ確かな仕事をするかにかかっていると思います。私の場合は、前職の経験を活かすことができましたが、それを十分やれたかどうかは分かりませんがこれからも全力を尽くしたいと思います。

塚口：サンライフ魚崎の船出と同時に平成12（2000）年4月1日に介護保険制度がスタートし、特養の経営が「措置」から「契約」の仕組みに大きく変わりました。この波にどううまく乗せるかも大きな仕事だったと思います。

光子：おっしゃる通りです。措置の時代は、行政の指示どおりにすればよかったのですが、契約の時代に入ると行政からの指示待ちでは経営ができません。自分たちで方針を立て、自分たちで物事を判断して、しかも、利用者第一主義で進まなくてはならないのですから大変です。介護保険制度施行日と同じ日（平成12（2000）年4月）にサンライフ魚崎も開所しました。在宅重視の介護保険制度なので、施設の建設にしましても、病院モデルではなく家庭的な雰囲気のしつらえとして、例えば、グループホームでは、食堂はアイランドキッチンを備えたダイニングとして、和室をリビングとしました。特養・ショートステイ部門でも、カーテンではなく窓のところにすべて障子を入れたしつらえとしました。ケアについても、認知症対応型グループホームでは家庭的な雰囲気のケアをしていくのはもちろんですが、特養ホームも小規模30床で在宅のような個別ケアに取り組みました。私にとっては、福祉業界を知らない弱みがかえって幸いし、主婦力を生かした新しい目線で施設ケアを考えていけるようになりました。

施設経営には基本理念と目標を

塚口：光子施設長が指摘されたように、経営には目標が不可欠です。しかも、誰が見てもわかりやすい、しかも納得ができる目標でなければならないと思います。

光子：社会福祉法人ささゆり会には施設を経営していく上での基本的な理念を掲げておりました。もちろん、その基本理念が土台になるわけですが、私たちは、次のような基本理念を掲げました。

その一つは、**基本的人権の尊重**です。日本国憲法第11条には、「国民は、すべての基本的人権の享有を妨げられない。この憲法が国民に保障する基本的人権は、侵すことのできない永久の権利として、現在および将来の国民に与へられる」と規定しています。そして第12条には自由及び権利の保持責任を、第13条には個人の尊重を謳っています。社会福祉施設は、社会的に弱い立場にある人たちが利用されています。であるだけに、サービス利用者の基本的人権は誰よりも率先して守っていかなければなりません。そのためには、職員全員がこの基本的人権を深く理解し、あらゆる実践場面において活かさなければなりません。これを第一に掲げました。

その二つは、**社会的自立の助長**です。サービス利用者は、身体的に障害があるとはいえ、精神的には自立した存在です。私たちはこれを忘れてはなりません。支援に当たる職員は、利用者の精神的自立を引き出しながら、その個々の存在が社会に活かされる道筋を共に考えるような支援が必要だということだと考えています。

その三つは、**健全育成・援護の実現**です。福祉に積極的な熱意と能力を有する職員を育て、その職員達によって利用者個々人が健やかに暮らし、その暮らしに喜びを感じ、できればその暮らしの中で目標をもてるような支援が必要です。その支援は最良の支援ではないかと考えています。

その四つは、地域への貢献です。社会福祉施設は、地域に溶け込み、地域に支えられて存在しています。では、その施設は地域にどんなお返しをすればよいのかが問われています。私たちは、施設内ですべての事業が成り立っていると勘違いしてはならないと思います。地域に支えられ、施設は地域に貢献する、この双方の関係が打ち立てられるよう努力しなければならないと考えています。

塚口：素晴らしい経営理念だと思います。私も多くの施設を知っていますが、経営理念や経営綱領を理事長室に掲げているところが多いのですが、職員の多くはそれを知らないのではないでしょうか。経営理念は理事長室に掲げるものではなく実践で活かし深めるものだと思います。

光子：先ほど説明致しました４つの経営理念を踏まえて、サンライフ魚崎では、サービス十か条を実践しています。このサービス十か条は、先ほどお話ししました経営理念を具体化したものとも言えます。その骨子だけを申し上げますと、①笑顔で挨拶、②入居者はお客様、③利用者が、今持っている能力を生かした支援、④職員は専門性をより高め、個々人に合ったサービス提供を、⑤行きづまったら利用者の立場に立ち返って行動する、⑥利用者の意思を最大限尊重した介護を、そして情報の公開と提供を、⑦食中毒、感染症を出さない、食事は美味しいものを、⑧実習生、ボランティアを積極的に受け入れ行事・クラブ活動を数多く行う、⑨施設機能を最大限に発揮して地域に貢献する、⑩地域交流を図り、地域と深く結びつくといった内容です。

恒夫：先ほどの十か条について補完しますと、すべての出発は挨拶からと思っています。この当たり前のことができるかどうかが、職員に問われる初歩的資質です。また、利用者はお客様という考えは、措置の時代にはありませんでした。措置の時代は、サービス提供者が主体でした。社会福祉の基礎構造改革が行われて、契約により福祉サービスの提供方法が大きく変わりました。そのことによって、サービス提供者とサービス受給者は対等という考えに転換したのです。

国民主権の考えで見ると措置の時代もそうでなければならなかったと思うのですが、措置の時代は、措置権者が上位に立つような風土が出来上がっていました。基礎構造改革後のこの対等意識こそ最も大切な考えだと思います。施設が閉鎖的と言われる根拠はたくさんあります。そうならないように私たちは最大の努力をしています。実習生の積極的な受入、ボランティアとの交流もその閉鎖性を少しでも和らげ、利用者様にとっては社会の空気を感じ取るという効果があります。最も大切なことは施設長から説明しましたように、地域との共存です。施設がより良いサービスを提供できるのは地域と共存できているからです。共存という限りは、施設からも地域に最大の貢献をするという関係が出来上がることです。その前に、地域と共存するためには、施設が地域から信頼されていなければならないと思います。その信頼の第一は、堅実で透明性のある経営です。それに向かって努力を続けていきたいと思います。

屋上花壇

経営実践の具体化

塚口：基本的で大切なことをご示唆いただきました。今までは、施設の経営理念、サービス提供の心構えをお話しいただきました。

さらに、今日、経営目標を具体化するためにどんな努力をされているのかについてお話を伺いたいと思います。

恒夫：私は、サンライフ魚崎の副施設長として入職しました。初代理事長の山内　弫氏から、施設経営では利に走ってはならない、地域の皆様を大切にしなさいと2つの事柄について口癖のように指導を受けました。小さな施設で赤字を出さないために、経営はつつましく堅実でなければならない、地域の皆様のご支援なしでは生き残れないというのが私の、というよりサンライフ魚崎の信念です。堅実な経営とはどんなことを指すかというと、次のようなことが言えるのではないでしょうか。ここでは、サンライフ魚崎で実践してきたことを土台に説明したいと思います。

その第一は、金銭的に無理をしないことです。社会福祉法人ささゆり会は、幸いなことに財政的には余裕がある方です。金銭的に無理をすると職員の待遇を抑えたり、食材をケチったり、施設のメンテナンスを遅らせたり、利用者様にとっても職員にとっても良いことは一つもありません。借金を最小限に抑えることが一つです。節約するために設備が故障したりしてもなるべく自分たちで直してみようと職員と一緒に直しました。植垣も自分たちで剪定作業しました。利用者様の心を和らげるものの一つして、1年を通してお花をケアハウス屋上の花壇で育てて、食卓テーブルや玄関に飾っています。夏のスイカと年末の大根も毎年植えて、利用者様や地域のボランティアの方々に食べて頂いています。

第二は、職員の待遇を優先的に配慮することです。ささゆり会は職員の福利厚生に力を入れております。福利厚生の根本は、職員が安心して働ける環境を準備することだと考えます。こうした環境が整ってはじめて職員は自分の仕事に打ち込めます。また、福利厚生は職員の老後の安心も保障するものだと思います。職員も若いうちは老後のことなどあまり考えないかもしれませんが、私は経営者の一人として、老後問題を見据えない経営はないと考えております。老後の年金や退職金が従業員のみなさんのお役に立ってるようにと思っています。

第三には、堅実な経営の大切な要素として、透明性を保持することです。社会福祉法人のガバナンスの最も大切な一つが「経営の透明性」の保持です。この透明性こそが監督官庁からも信頼を得るカギになるものだと思っています。隠し事をせず、万一、事故が起きても正直に事実をご家族にお話しします。ご家族の納得が得られれば信頼して頂けます。包み隠さず起きたことをご報告することに徹底しました。神戸市様に対してもそうでした。諺にあるごとく「The accident will happen」、事故は必ず起こるものだ。人間はミスを犯すものだ。組織は不完全な人たちが集まって目標に向かって力を合わせていくものだが私の信条です。

塚口：これは大切なことをお話しいただきました。光子施設長からもお話しください。

光子：社会福祉・介護福祉施設は利用者第一主義で経営されなければならないと考えることが最も大事なことです。そのことを前提に、利用者様が安心して日々の生活が送れる要因として、職員どうしのチームワークが大切です。このチームワークを考えるとき3つの側面があると考えております。

一つは、経験者と未経験者のチームワークです。介護技術についてその理念や技術・方法をデスクワークで学んでも、臨床場面で経験を積まないと一人前にはなれません。臨床場面の経験は先輩のやり方から多くを学ぶことになります。先輩は後輩を上手に指導し、後輩は先輩からの指導を謙虚に受け止めるといった相互作業が必要です。そのためには、先輩・後輩のチームワークは不可欠です。

二つには、異業種間のチームワークです。介護職と看護職、介護職と調理職といった異業種間で固いチームワークが組めるかどうかです。それぞれの専門職に上下関係はありません。あるのはそれぞれの分野におけるプロ意識と技術です。これらの調整を事務職が行っています。事務職はもちろん、諸会議・経理の記録と整理が中心となり

EPA候補生

ますが、異業種間のコーディネート役も果たさなければならないと考えています。このコーディネートは恒夫副本部長（事務長）が率先して進めてきました。

サービス利用者の方々が最も安心するのは、職員間でチームワークがうまく働き、職員の皆さんが明るく親切に接してくれることだと思っています。

三つには、外国人職員とのチームワークです。魚崎グループでは、ベトナムからのEPA（経済連携協定）による介護福祉士候補生の受け入れを平成28（２０１６）年に始めてから既に5年を迎えます。塚口理事長の提案を受けた笹山周作法人本部長が、平成26（２０１４）年に、NPO法人福祉サービス経営調査会主催でベトナムのホーチミン市の看護大学などを見学する機会に恵まれました。翌平成27（２０１５）年12月からささゆり会は、ハノイでの就職面接会へ参加することになりました。そうした経過をたどってまずEPAを通しての受け入れが始まったのです。

このように、今後は海外からの介護人材の受け入れが盛んになると考えます。その後インドネシア、ミャンマーなどからの受け入れ準備が着々と進んでおります。こうした外国人介護職員とのチームワークが必須のこととなります。

外国人職員には、日本式介護サービスを習得してもらわなければなりません。あえて日本式といったのは、日本は諸外国と比べて最も速いスピードで高齢社会に突入しました。ですから、介護福祉学・技術が進歩しましたが、受け入れ先の国は介護学や技術は遅れております。しかし、彼らはハングリー精神が強く懸命に勉強に励みます。宗教観の違い、価値観の違い、文化風土の違いなどを乗り越えて、日本の高齢者の価値観や教養水準、倫理観などを理解して介護サービスにあたってもらうことになるのです。日本人の職員と彼らとのチームワークの主導は、最初は日本人職員が負わなければならないと考えています。

塚口：光子施設長からは、施設はサービス利用者第一主義が最も大切で、それを実現するためには、職員どうしのチームワークが大事であることが説明されました。すべての職種が自己の専門性を発揮しながら、自分以外の職種の働きに気を配り、理解しあい連携する状況がワンチームといわれるゆえんだと思います。

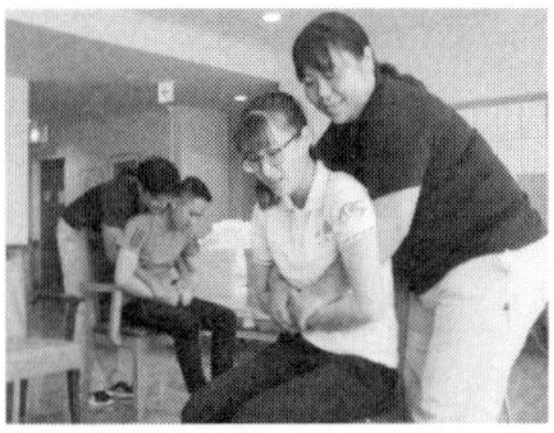

EPA 技術講習

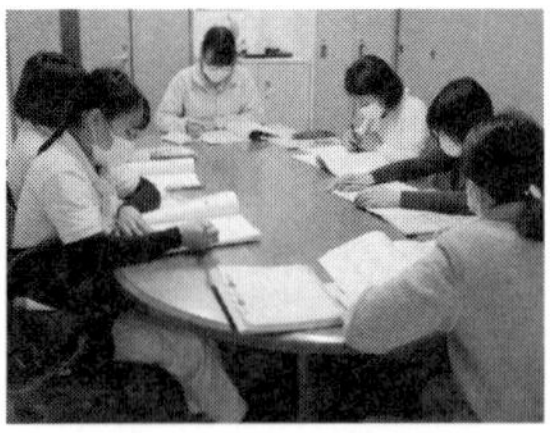

EPA 学習時間

加えて、介護サービス提供の第一線は国際化しているということです。この第一線がこんなに早く国際化するとは思いませんでしたが、施設管理者は、ここをうまくマネージメントできないと介護現場の前進はないと考えられます。

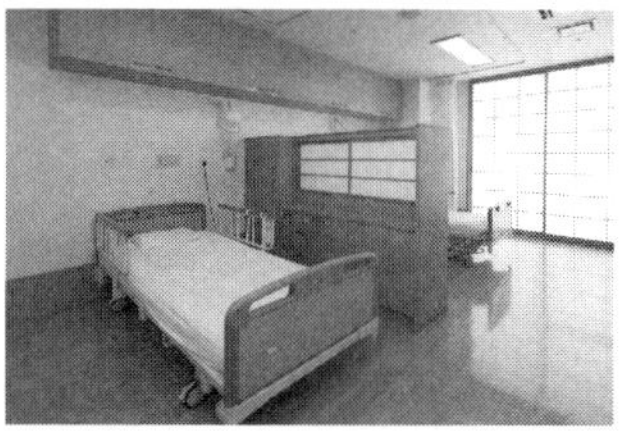

ショートステイ居室

特養フロア

事業の拡大、その意義

塚口：サンライフ魚崎グループと言ったらよいのでしょうか、社会福祉法人ささゆり会に所属する事業体として、そう呼んでいるのですが、魚崎グループの事業体は、かなり自主的な経営を理事会から付託されています。それは、東灘区魚崎が神戸市を代表する住宅街の一つであるエリアであること、その地域に合った施設経営が必要であることなどを考慮した経営が求められることなどから、いわば、一定の自治権が与えられているといえます。

そうしたことを前提に見ていただきたいと思うのですが、魚崎グループは年々事業拡大を進めてきました。その状況をまずお話しいただきたいと思います。

光子：魚崎グループのコアになる施設は特養のサンライフ魚崎です。その設立については、すでにお話いたしましたが、それに続いてショートステイの開設です。

ショートステイの開設

特養開設から1か月遅れて、平成12（2000）年5月よりショートステイを開設しました。ショートステイには専属の職員を配置しました。そのことで、利用者の方が安心して施設に泊まることができます。また、職員が専属で付くようになり利用者様の状態や性格、健康状態などより良く把握できるようになりました。特に、事故のリスクを無くすために細心の注意を払い、ＡＤＬを低下させないためできる限り在宅に近いケアを心がけました。

デイサービス送迎

ボランティア
ワーキングキャッツさん

デイサービス事業の開設

平成12（2000）年5月にショートステイとほぼ一緒にデイサービス事業を開設しました。開設にあたり、利用者の獲得、送迎の準備、特に、送迎の車の運転は事故と隣り合わせのため担当職員は本当に神経を使ったと思います。利用者様が増えるにつれ、ご家族との連絡を密にすること、利用者様が満足でき、いっそう元気になれるようなプログラムの編成と参加促進、さらには、デイサービスのプログラムを支えてくださったボランティアの皆さんとの協働など課題はたくさんありましたが、それらを一つ一つ解決しながら利用者様の信頼を得ていくようにしました。担当職員の努力には頭が下がります。

開設以来20年間、交代で毎日のようにデイサービスでのボランティア活動をして頂いている荒谷雅さんや畑野芙美子さんが率いるナルク東神戸（NPO法人ニッポンアクティブライフクラブ）の皆様、同じく20年間週2回音楽療法でご支援いただいているピアノの田中牧子先生、さらに月1回のアルトサックス奏者草野誠一郎さん率いるピアノとウッドベースからなる本格的ジャズトリオのワーキングキャッツさん達の強力なご支援を頂いています。ワーキングキャッツさんは、再会にはオープニングテーマ「クールストラッティ」が演奏されます。演歌から締めくくりの六甲おろし、そしてエンディングテーマ「ナウズザタイム」でお別れです。このように生演奏を楽しませてくださっているワーキングキャッツさん等、10年以上続けて下さっているボランティア団体の皆様のお陰でサンライフ魚崎はここまでやってこれています。本当にありがたく感謝しています。

グループホームの開設

平成10（1998）年に、神戸市の企画で始まりました。サンライフ魚崎のグループホームの設計は、京都大学教授の外山先生（故人）にお願いしました。当時、グループホームは兵庫県にはなく広島県の福山市まで見学に行ったことを覚えています。神戸市におけるグループホームは当初、震災復興住宅として発足しました。今日では、認知症の方々の生活の場として位置づけられました。

このグループホームはフレールと名付けました。フレールとはフランス語で友達・兄弟という意味です。このグルー

グループホームでの生活

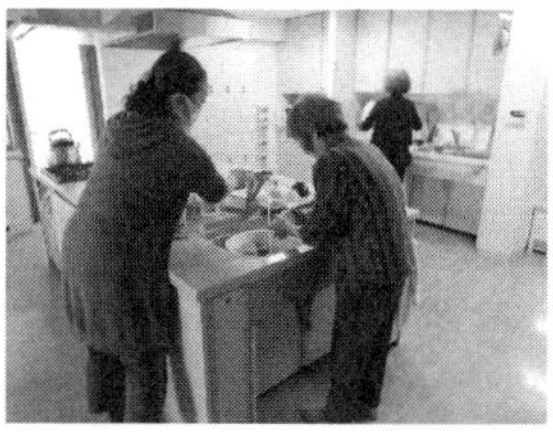

グループホームでの生活

プホームは1ユニット8名で2ユニット16名の利用枠です。ケアの内容を紹介したいと思います。入居者様の誕生日会では、その日に必ず全員が集まってお祝いをします。また、季節の行事、さくらの花見には、お弁当を作って近くの公園で座敷を設けます。入居者様全員に思いを書いていただいた短冊を飾った七夕まつり、園内での花火大会、秋のバス旅行遠足、年末のクリスマス会、大晦日の紅白歌合戦のテレビ観戦、年が明けて初詣、西宮十日戎には電車に乗って皆でお参り、節分には巻き寿司を皆で作って食べ、梅見にも行くなどの行事を行います。加えて、6月の納涼祭、9月の敬老会などで親睦を深めます。秋の遠足バス旅行には、毎年ご家族も一緒にご参加いただき大変好評を得ています。また、年末のクリスマス頃には、車椅子で電車に乗って三宮までルミナリエ見学に行きます。

　また、朝・昼・夕の食事をグループホームのキッチンでつくり、それを一緒に手伝える方には手伝っていただき、ご自分のお部屋のお掃除もできる方には、毎日掃除機を掛けて頂いています。毎日の日課である皆さんお楽しみの合同散歩、真夏も真冬も続けてまいりました。だからいつまでも自立歩行ができています。洗濯物をたたみ、ご自分の食器洗いなど日々の生活の中で、ご自身のことは自分でして頂くことで認知症を進行や老化を食い止めていっています。

　認知症の方々は、生活環境の急激な変化、均一的なケアなどは馴染みません。できるだけノーマルな暮らしを根底に、昔を思い出すいろいろな行事や日頃の当たり前の生活をして頂くなど絶えず工夫をしていくことが大切だと思います。自分ですることの大切さをつくづく感じるのは、入居者のみなさんの多くが若いころ家庭でおやりになっていたお花を生けることでした。ボランティアとして男性生け花師匠の平山卓巳さんが開設以来、毎月1回加古川からご指導に来て下さっています。平山先生は、フレール魚崎中町グループホーム建設時に、神戸市住宅局の職員として建築に携わっていたのがご縁です。いまでも、入居者様と一緒にお花を楽しんで下さっています。

塚口：ケアハウスの開設には恒夫さんが努力をされたとお聞きしています。その経過やご苦労の中身をお話しくださいますか。

介護型ケアハウスサンライフ魚崎外観

ケアハウスの開設に向けて

恒夫：入職間もなく、笹山施設長から今のままでは、規模が小さすぎて近い将来経営に行き詰まることは目に見えている。新しい施設を作るために土地を探せ、という指示をいただきました。6月の暑いさなか、自転車に乗って東灘区の空き地探しに奔走しました。でもこれといった適地が見つかりませんでした。一方で、魚崎の拠点施設であるサンライフ魚崎は定員30名の小規模介護施設です。サンライフ魚崎の立地環境から入所待機者が多くありましたが、この要請に応じることができない状態でした。魚崎周辺は、地価も高く、介護施設を増設するような広さを持つ土地を得ることは困難でした。

ところが、8月盆明けから特養の西側に隣接するアサヒビールの社宅の方々が頻繁に転出しだしました。おかしいなと思っていましたが、そのうちこの社宅が売却されるとの情報を得ました。11月に笹山施設長と2人で西宮市にあるアサヒビール関西支社を訪問し「土地を分けてください」、とお願いいたしました。しかしその時はあまり良いご返事を頂けませんでした。どうしても諦めることができなく、何とか手に入れたいという思いで社宅跡地を購入するための活動を始めました。それが平成15（2003）年2月でした。まず、アサヒビールの池田弘一社長に直接その土地を譲渡してほしい旨の書簡をお送りしました。池田社長からは「土地はいずれ売却する予定だが、特定の対象者に譲ることは、企業の公正性・経営の透明性からみて適切でない」との返事でした。諦めてはいけないと思い、2度目の書簡を出しました。その内容は、「サンライフ魚崎の東隣に魚崎小学校、南隣に魚崎幼稚園と知的障害者施設魚崎デイサービスが位置しています。このようにこの地が文教・福祉地区であり、そこに福祉施設ができたからといって、アサヒビールさんが地域の皆さんに感謝されることがあっても、非難されることはあり得ません。私は確信しています」という内容を記載した書簡でした。加えて、民生児童委員協議会会長の永島長一郎氏や自治会長等、関係者の方々に施設拡充のための活動を説明させて頂き、永島氏から「ぜひ確保してください」と強いご支援を得、署名捺印を頂きました。まさに、施設増設は地域の皆様の強いご要望であることを正直に訴えたのです。

そして、同年4月16日にアサヒビール不動産部門の責任者から交渉に応じるとの返事をいただき、交渉を重ね売買契約の調印に至りました。その間、魚崎にはお金はありませんでしたが、笹山周作施設長（当時）の力強い支援があったことに感謝しております。そして、平成17（2005）年4月26日に竣工に至りました。私はこの一連の経過を通して、何事にも誠実に熱意をもって正直に正々堂々と当たることの重要さを改めて自覚しました。もちろんこの交渉には、先に申し上げましたように、地元自治会、民生児童委員協議会の方々の力強い後押しを頂いたことを申し添えておきます。こうした一連の動きは、地域の方々にはよくご理解頂いているものですね。そのことも、地域の皆様から高い信頼を得る要因になったと思っています。

塚口：それでは、引き続いて、サンライフ魚崎グループの主催でいろいろな事業、行事を展開されていますが、その主なものについて、その意義と成果などをお話しいただきたいと思います。

光子：行事等のお話をする前に、どうしてもお話ししておかなければならないことがあります。それは、私たちの施設運営に欠かすことができない医療のことです。特養もショートもケアハウスもグループホームも健康管理のために主治医が必要となります。そのために平成12（2000）年の開設時に、東灘区医師会にご協力をお願いいたしました。特養ショートは原則、任期6年で今まで、藤田先生・高倉先生・西川先生にお世話になりました。現在、長坂先生にお世話になっています。ケアハウスは、平成17（2005）年の開設以来、15年間開田先生にお世話になっています。グループホームも開設以来、神本先生にお世話になっています。また、歯科医師として、開設以来、藤本先生、高木先生にご指導を頂いています。両先生には、月1回の口腔ケアカンファレンスにもご出席いただき、馬場・栗原歯科衛生士から栗原・古川歯科衛生士との20年コンビで職員を指導いただいています。このように、私たちの施設は、素晴らしい先生方に恵まれていることにいつも感謝しているところです。これからも相変わりませずご指導をお願いいたしたいと思っています。

厨房

事業、行事・催しの意味

光子：もとに戻ってご質問の行事は何を目的にするかです。その一つは、行事には地域のボランティアや関係者が関わってくださいます。この地域との関わりを通して利用者の方々が地域とつながると考えます。これが大切です。例えば、スウェーデンでは、大規模施設は法律で廃止しました。その本旨は、施設での生活はノーマライゼーションにそぐわないという意識からです。北欧の社会福祉で中心的な理念はノーマライゼーションの実現をどう図るかです。施設での生活は、特に大規模施設での暮らしは、所詮社会から隔離された生活、いわば、ノーマルな生活ではないと認識するに至ったために、大規模施設は廃止したのだと思います。施設の規模が大きくなればなるほど、その運営は、提供者主体にならざるを得ません。起床は何時、朝食は何時から何時まで、昼間はレクリエーション、夕食は何時から何時まで、就寝は何時といった具合に、利用者主体の運営からだんだんと離れていかざるを得ないからです。日本ではなかなかそうはいきませんが、地域とのつながりを濃くして、隔離的な弊害を薄めていく必要があります。

神戸市では、大規模施設が西区、北区などにたくさんできていましたが、住み慣れた地域の施設に入所することができるように、東灘区・灘区・中央区・長田区等の海側にも、市街地特養として、介護保険前に先ず小規模な施設をということで須磨区と東灘区に建設計画を立てられた神戸市は立派だと思います。

食事のことについてお話ししましたので、このことについてもサンライフ魚崎というより、ささゆり会の基本の考え方として、食事は自前の手作りを利用者の皆様にお出しするということをこの20年間貫いてきました。高級

サンライフ祭

敬老会　お祝い膳

料理をお出しする力も技術もありませんが、なるべく旬の食材を利用者様に召し上がって頂くという信念のもと、厨房を運営する管理栄養士にはいつも妥協することなく要求してきました。管理栄養士たちも大変だったと思います。よく私の要請に応えてくれました。調理に携わる皆さんも朝は6時から朝食の準備をして頂きました。皆さん愚痴の一つも言わずに頑張ってくださいました。この食材を届けてくださっているフローリッシュいわさきさんも、月曜日から土曜日まで週6日、盆も暮れも休みなくこの20年間、厨房とケアハウスとグループホームの各階入口まで、毎日食材を届けてくださいました。献立の変更や納涼祭・敬老会・クリスマス会等のお祝い膳を利用者様にお出しする時は、厨房職員も食材提供者のいわさきさんも大変だったと思います。皆さんのご支援に感謝しかありません。改めて、調理員の皆さんやいわさきさんにお礼を申し上げます。

二つ目は、サービス利用者の方々が、施設にあっても、地域社会の一員として暮らしているのだという意識と、それが実感できる環境を作り出すのがいろいろな行事であり催しだと考えています。施設での、何の変哲もないケアの繰り返しがすべてという考えを改める必要があると思うからです。

塚口：行事や各種催しの意義についてお話をいただきました。ありがとうございました。

それでは、引き続いて職員の資質をどう向上させるかについてお話をお伺いしたいと思います。

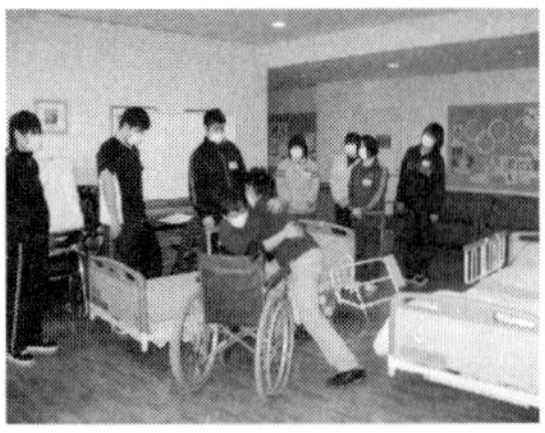

職員介護技術研修

音楽療法

研修には多様な利用者ニーズに対応できる資質を

光子：職員には外部研修の機会をできるだけ作っています。その研修における教育内容の習得が第一義ですが、同時に他の社会福祉法人の職員との情報交換も得るものがたくさんあると思います。

特に私たちが心に留めなくてはならないのが、利用者様の多様なニーズ、生活上のニーズ、文化的ニーズです。なかでも、この文化的ニーズには自己の趣味や映画・演劇・音楽等多様な分野があります。こうした利用者様のニーズにどう応えていくかもこれからの介護福祉施設に求められる課題だと考えます。

魚崎グループでは利用者様のニーズにお応えする一環として習字・華道・フラワーアレンジメント・ハープセラピー・音楽療法・折り紙・合唱などの文化サークルの活動も活発にしております。また、小旅行、ピクニック、散歩など手近な機会をとらえた催しも行います。

職員研修の主な狙いは、サービス利用者の多様なニーズにどのように応え、それが利用者様の生きがいや元気に生きる意欲に結び付けられるような支援ができたらと考えるからです。

昔ながらの食の提供を続けていく一方で、科学的根拠に基づく介護方法の実践やノンリフト介護等を目指していくのが専門職のあるべき姿だと思います。神戸市の研修にはできるだけ各部門より参加し、その専門性を職員が高める努力をしています。また、法人全体で取り組んでいる国家資格取得への奨励、例えば、介護福祉士・介護支援専門員・社会福祉士・看護師・精神保健福祉士等の受験に対する費用の2分の1を法人負担としていますし、笹山法人本部長自らが作製した独自の学習テキストの貸与やその講師役まで本部長や私や職員が行っております。こ

職員座学研修

こまで20年間の実績があってか、ＥＰＡ介護福祉士候補生に対しても、お互いに友好に受け入れ態勢が整っています。ささゆり会グループに大勢の外国人介護希望者が来て下さるゆえんと自負しています。ＥＰＡ介護福祉士候補生は、３～４年の間に介護福祉士国家試験に合格するという目標があります。

介護技術の向上には、最近はＩＣＴ化が叫ばれています。サンライフ魚崎でも特養・ショートステイ・デイサービス・ケアハウスで全入居者の方の24時間見守りカメラを導入しました。ナースコールとの連動も含め、介護士・看護師の負担軽減や事故未然防止の強化や虐待未然防止に向けて、ひとつずつ取り組んでまいりたいと考えています。

高齢社会においては、いつかは誰でも要介護の状態になると考えます。これは必然のプロセスでもあります。「介護良ければ全て良し」と思ってもらえるようなサービスのクオリティが求められているのではないかと思います。

ですから、介護支援とは、その人を総合的に理解し、その人の多様なニーズを理解しながら行う支援だと考えています。

そういう意味からみると介護の仕事にあたる人は、心優しい包容力のある方が求められると思います。支援を受ける側からすれば、こんな人から包み込むような援助を受けたいと望むのではないでしょうか。聖路加国際病院で１００歳を超しても現役の医師として尊敬を集められた日野原重明先生は、「医師は、疾患を治すことができても病気を治すことができないのではないか」とおっしゃっていることを聞いたことがありますが、これは、疾患という局所を治療することができるが、患者を一人の人間として全体を理解し、患者の心を癒し、生きる意志を湧き出させる、そんな力はないと言っておられるのではないかと推測します。「キュアはできても心と体の健康を回復する癒しケアはできない」ということだと考えます。介護の仕事は、実は、相手への寄り添いをとても大事にする仕事ではないかと常々考えております。

塚口：まさに介護の本質を突いた発言だと思います。私は、高齢社会の最大の問題は、介護の問題だと思います。高齢者が、要介護状態になったときに、質の高い介護サービスが受けられることほど幸せなことはないと考えております。

政府は、少子高齢化社会対策を国内政治の大きな課題としてスローガン化していますが、実は、少子化対策重点主義です。日本の高齢者は「豊かな」高齢者が多いのだから、医療費も高い負担にする、介護保険料も引き上げる、サービス利用料も応能負担から応益負担に切り替えるといった施策を続けています。これでは、日本は「棄老国家」になりますよ、と警告の本を笹山周作さんなどと出版しました。

最後に、施設経営で大切とされているガバナンスについてお話を伺いたいと思います。

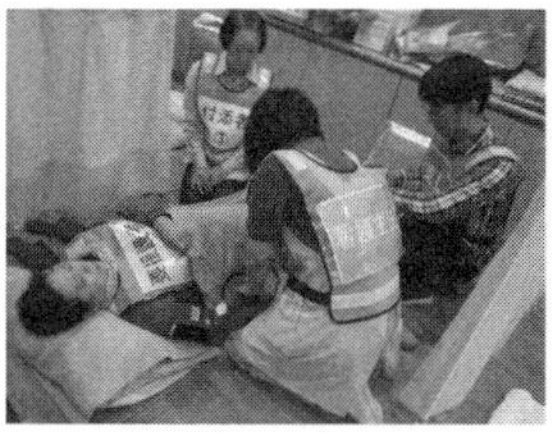

地域の方との避難訓練

施設経営のガバナンス強化について

光子：社会福祉法人全体のガバナンスについては、法人の評議員会・理事会で検討がなされ、特に財務については、監査法人に参画を願い万全の体制が組まれていると確信しています。それを受けて、魚崎グループの各施設では次のような事項に注力しております。

その一つは、透明性のある経営です。魚崎グループの経営の実態は、何も隠す事項はなくどんなことでも、いつでも公表できる状態にしております。

その二つは、地域に開かれた経営をしていることです。措置の時代は、監督官庁に開かれておればことは済みましたが、今日では地域にオープンでなければなりません。多くのボランティアを受け入れ、大学や専門学校の学生の実習を受け入れ、地域の方たちの福祉や介護の相談を受け入れ、施設を身近な存在にしなければならないと考えておりますし、そのように実行しております。

恒夫：不適切を指摘された社会福祉法人があったとすれば、押しなべて閉鎖的だったのではないでしょうか。隠し事があれば、閉鎖的になっていきます。先ほども申しあげましたが、地域と深いつながりの中で経営にあたりますと、経営が地域の目にさらされますので透明性も担保されます。

塚口：今回の鼎談は、施設経営の各般にわたって論じていただきました。多くのご示唆に富んだご発言をいただきました。社会福祉法人ささゆり会の魚崎グループの経営は一見平凡な経営に見えます。この平凡に見える経営の中身は、鼎談の中で述べていただきましたが、その理念・目標を実現するために非凡な努力がなされていることがわかりました。特に、介護保険制度施行前夜に介護支援とは何か、その仕事に携わる意義とは何か、経営者はどのような視点で職員を育て、地域との繋がりをとらえ、それらがサービス利用者にどのように活かされなければならないかなど、お話をいただきました。まだまだ深めたいところもありますが、とりあえずこれで締めたいと思います。魚崎グループの施設長であられます佐藤光子さん、副本部長であられます佐藤恒夫さんありがとうございました。

また、今回のシリーズの編集者である野嶋納美さん、丸山絵理子さんありがとうございました。後の編集でご苦労をおかけいたしますがよろしく対応してください。

佐藤夫妻へのメッセージ

サンライフ魚崎と共に

魚崎北部地区民生児童委員協議会　元会長
永島長一郎

私が初めてサンライフさんを訪問させていただいたのは、施設竣工式に使用されるお酒（樽入り）の注文を頂いたときです。その際にお目にかかったご婦人が佐藤施設長であったのです。心のこもった応対を受けたのを覚えています。竣工式も済み、4月からは介護保険が施行され、その説明やサービスの使い方の説明などが大変で、サンライフ魚崎を利用していただくのに、数年がかりだったそうです。

佐藤施設長が平成16（２００４）年に「ささゆり新聞」に「サンライフの思い」として載せられた記事。

「─認知症ケアへの取り組み─　お年寄りと一緒に昼食作り　佐藤光子

平成12（２０００）年4月に認知症対応型共同生活介護フレール魚崎中町グループホームを魚崎事業所に開設しました。当初はグループホームケアのモデルも全国的に少なく、また私共の職員も特養ホームの経験はあっても、小規模で、しかも認知症の方ばかりのホームケアは初めての者ばかりでのスタートでした。その中で先ず、職員配置で、主婦の経験を活かせるどこの家庭にもあるような、お年寄りとお嫁さんという組み合わせに配置しました。グループホームのケアは、生活そのものをケアとして組み立てること、つまり、日常の掃除、洗濯、炊事という家事をそこで暮らす、お年寄りと職員が一緒になって、ごく自然な家庭のように営んでいくことが、認知症高齢者のケアとなっていくという、信念のもと始めました。

朝ごはんの用意、各自の居室やトイレ、共用の廊下や食堂等の掃除、お昼前にはお料理の好きな方々が職員と一緒に腕をふるって全員の昼食準備をしました。午後はゆったり入浴（家庭風呂）をし、3時にはまたみんなで集まってお茶の時間、というように一日の流れがどこの家庭にもあるような生活の流れに組み立ててあります」。

私の家庭、私88歳、今年から少しおかしいぞ。妻84歳、左足が悪く歩行が困難。2人で力を合わせて頑張っています。サンライフ魚崎佐藤施設長のレポート「お年寄りとちょっと一緒に食事を作ろう」は、参考になりました。ありがとう。

佐藤施設長との出会い

魚崎北部地区民生児童委員協議会　会長
長谷川テル子

突然の原稿依頼に戸惑いながらお世話になっている佐藤施設長のお人柄について書こうと思います。サンライフ魚崎は特養・介護型ケアハウス・デイサービス・ショートステイ・グループホーム・居宅・地域包括支援センターが1か所にあり便利なところです。施設長は、これらの施設の運営、外国人介護職員の受け入れ、その人たちのお母さん的役割、それに新型コロナの中、職員・施設利用者のコロナ対策と普段の仕事にと、忙しい日々を送られています。高齢化社会に、そして認知症も年々多くなり、私たち民生児童委員にとっても相談することも多くなり、親身になって聞いてくださるので助かっております。

佐藤施設長さんには、サンライフ魚崎での会議、ささゆり会での評議員として、いろいろと分からないことを分かりやすく教えていただいております。長く施設長として活躍されることを願っております。

佐藤ご夫妻のお人柄にふれて

開田醫院　元院長
開田宏一

佐藤ご夫妻の笑顔と気持ちの良い職員の挨拶を受けていつのまにか十数年間施設に出入りさせて頂いております。

先日表題の寄稿依頼があり、初めてささゆり会の基本理念、職員のサービス十か条を精読しました。やはり入居希望者（待機者）の多さ、気持ちの良い職員の立ち振る舞いと定着率の高さ等は、ご夫妻の人柄、優しさはもちろんのこと、常に「相手の立場になって」「職員は施設の宝である」が基本となっているものと私は思っております。

ご夫妻のいくつかのエピソードが瞬時に浮かびました。

（1）率先垂範

感染症が多発していたある正月に施設を訪問すると、施設長が三が日にもかかわらずゴム長靴をはき、棒雑巾姿で除菌作業をしておられました。何がなんでもこれ以上感染を拡げないという強い意志で先頭に立って全職員を引っ張っておられた姿を垣間見たこと。

（2）若い職員の神戸での母親代わりとして

体調の悪い女子独居職員宅に食料品持参で訪問し、愛情のあふれた生活指導をされていたこと。

（3）外国人職員の日本のお母さんとして

新型コロナウイルス感染症の猖獗《しょうけつ》をきわめていた時に、外国人職員が所轄官庁にビザの手続きに行かなければならないことがあり、施設長はどのコースをどの時間帯に行くのが最も他人との接触が少ないのかとご自身で何度も往復され、また服装まで細々と指導されていたこと。

（4）入居者への思いやりの心

入居者様がベッドの柵に手や足を挟まれないように手作りのキルティング製の杖立もついた柵カバーを作られてい

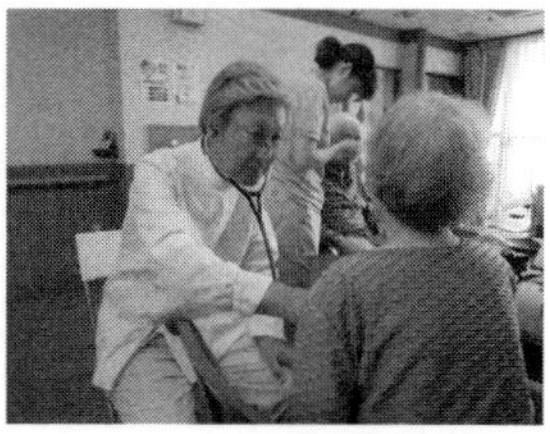
診察風景

たこと。

（5）　地域の方々への思いやり

常々災害時近隣の要介護の方を何人くらい施設がお世話できるかと考えておられたこと。

人口の減少と高齢者数の上昇が著しくなり、5年後にはすべての団塊の世代が後期高齢者となり780万の人が要介護の認定を受けると予想され介護職員の不足が現在以上に社会問題となります。

しかし佐藤ご夫妻は常に入居者の発言は宝の山、職員は家族同然の立場で接しておられ、引き続き笑顔の絶えない素晴らしい施設経営をされることと思います。

新型コロナウイルス災禍もいずれワクチンが開発され減退するものと推測します。きっとまもなく…。

ボランティア活動を通して

平山卓巳

フレール魚崎中町のいけばなボランティアの参加も19年目となりました。当時、私は神戸市役所の建築技術者として勤務し、グループホームやシルバー住宅に携わっていたこともあり建物の検査や管理等で立ち寄る機会が多く、佐藤施設長とはお会いすることが多くありました。いつもゆっくりとした口調と優しい笑顔での応対は今も変わりません。施設のハード（器）以外のソフト面も覗きたく、ボランティア志願を申し出ると、快く引き受けて下さり今日に至っております。

当時は、介護保険制度をはじめグループホームの運営そのものが見切り発車的要素を含んでおり、今日までのご努力に敬意を表すばかりです。当初は入居者の方々も身の回りの行動が達者で、いけばなの時間はハサミを使いながら賑やかに雑談にも花が咲いていたように思います。いつしか時代とともに施設の状況や社会の変化も加速し、今では施設長ご夫妻をはじめスタッフの方々のご苦労は計り知れないものがあると思います。特に運営面や安全面での日々の戦いは休まることなく今後も続くことでしょう。

私自身、地元（加古川市）の自営活動の一環として高齢者向けパソコン教室（80名程の生徒）や、いけばな教室が何よりの生きがいですが、佐藤ご夫妻のおられるフレール魚崎中町での活動を楽しみに、お二人のエネルギーある取り組みに対し微力ながらもう少し応援したいと考えています。

お華のおけいこ

ナルク東神戸とサンライフ魚崎

NPO法人　ニッポンアクティブライフクラブ
ナルク東神戸

住み慣れた地域で安心してその人らしい生活が続けられるよう支援していくために、東灘区に特別養護老人ホームサンライフ魚崎が新設されたのは、平成12（２０００）年4月でした。

私たちナルク東神戸は平成19（２００７）年9月に立ち上げ、地域に密着したボランティア活動の一端をサンライフ魚崎のデイサービスで実践することで、楽しく活動を始めて以来、今日に至っています。

佐藤光子さんは副本部長のご主人と共にサンライフ魚崎の施設長として、職員のみなさんと共に活き活きと活動され、笑顔と活気溢れる行動力で、高齢者の方々に心を込めて接してこられました。またボランティアの私たちにも、常に「ナルクさんにはいつも助けていただきありがとうございます」と声をかけて下さいます。

物静かな、声を荒げることなど想像できないくらい穏やかな佐藤さんは、趣味の園芸にも精を出され、施設の内外はいつも花で満たされ、施設を訪れるたびに心豊かな気持ちにさせられます。

佐藤さんと職員のみなさんは、今年の年初からの新型コロナウイルスの感染防止対策に大わらわだったことでしょう。このコロナ禍が一日も早く収束し、これまでのようにお手伝いさせて頂くその日が来るのを心待ちにしています。

人を育てるということ

魚崎高齢者介護支援センター　短期入所生活介護　管理者
日野晋佑

今から19年前の春、私はサンライフ魚崎の介護職員として働き始めました。当時、社会に出たての私は、学生気分から社会人としてのプレッシャー、怖い上司、仕事の難しさを想像し、恐怖で顔が引きつっていたのを覚えています。そのような状態でしたので、佐藤施設長、佐藤副本部長（佐藤恒夫氏は法人の副本部長でもある）とはお話する機会も少なく、雲の上の存在でした。しかし、働き始めてすぐに、心配は杞憂に終わりました。年齢の近い先輩職員が多く、時に優しく、時に厳しく指導してくださり、気さくに温かくサンライフ魚崎の一員として迎え入れてくださった雰囲気は、今でも忘れません。今思えば、お二方が職員との関係性を大事に、一緒に考え、悩み、相談に乗られる等、職員に近い存在でおられたことが、あの雰囲気を作り上げたのだと思います。

そんな雲の上の存在であったお二方が、私にとっての社会人としての先生へと変わった突然の衝撃。それが入社2年半で命じられた主任への就任です。物覚えが悪く、要領も良くない私は、反省ばかりの日々を過ごしており、なぜ選ばれたのか、まったく意味が分かりませんでした。このことについては今でも謎です。

その後、現在に至るまで、社会人としての心構えやスキルは言うに及ばず、会社を運営するための考え方や姿勢、そして人に教えるだけでなく育てることの重要性、様々なことを我慢強く教えてくださいました。副本部長には、今でもよく「自分が現場に入るのではなく、どしっと構えて、1歩引いて全体をよく見なければいけない。そのうえで、仕事を任せ、後ろから支え、育てていくのだ」という趣旨のことを言われます。こんなことは当たり前だとも言われますが、非常に難しく、我慢も必要だと、日々痛感しています。

頼りになりそうもない若い私に主任という大役を任せ、我慢強く育ててくださった佐藤施設長、佐藤副本部長に本当に感謝しています。そしてこれらの教えを次の若い世代へと引き継ぎ、サンライフ魚崎をよりよい施設へと発展させていくことで、恩返しさせていただければと思います。

職員ハイキング

施設長の優しさにひかれて

介護型ケアハウス
サンライフ魚崎
生活相談員
嶋田倫英

「どんな人材を求めておられますか?」「とにかく、明るくて元気な人ですね」。これは私が学生時代、福祉就職フェアで、佐藤施設長との初めての会話です。

あの頃は就職氷河期で多くの学生でにぎわっていました。私も就職フェアに参加していたのですが、その場のギラギラした雰囲気に圧倒され、思うように動けていませんでした。自分の中でそれ程成果も感じられず途方に暮れていた私が一番最後に並んだのがサンライフ魚崎のブースでした。周りの学生達の喧騒と違い、穏やかな雰囲気の中でとてもやさしく丁寧に説明をして頂いたのを覚えています。今思い返すと、施設長の大らかで穏やかな雰囲気に自然と引き込まれていったのでしょう。説明が終わった私はサンライフ魚崎に応募する決意を固めていました。幸いにも内定を頂き、入職前の懇親会にお招きいただいた際に、佐藤施設長・副本部長とご一緒させて頂き、緊張している私にアットホームな雰囲気で気さくに話して頂いたことはよく覚えています。

サンライフ魚崎入職17年目になりますが、佐藤施設長は伝えていたことを忘れていることがあったり、話が長かったり、話が脱線してしまうことがあったり、朝令暮改で、もどかしく面倒だと思ったことも正直言うとあります。ですが、職員の心配事や体調不良がないか等、全職員に対してとてもこまやかに気を配っておられ、じっくりと話を聞き一緒に悩んでくれたり、時には差し入れを頂いたりとにかく寄り添ってくれます。若手の職員にとっては、施設長と同時に第二の母親のような存在かもしれません。

佐藤副本部長におきましては、野球でいうと直球ストレートな方です。「やるといったらやる」といった印象で一本気なところがあります。本館空調システムの変更、記録類の統廃合、見守りカメラの導入等を先進的な目で推し進めてこられました。その中で話の熱が入りすぎて面くらったこともありました。第一種衛生管理者の資格取得挑戦について私にお声をかけて頂き、また学習のサポートをして頂いたおかげで高額な研修に行くことなく資格試験に合格することができました。その後は安全衛生計画等、施設全体の安全衛生に関わることを一から教わり、資格取得2年目以降はおおまかな安全衛生業務を任せて頂けるようになりました。

ここまで私が続いているのは、佐藤施設長・副本部長の優しさが最初も今も変わらず、時には厳しいことも言われますが、温かく私たちを見守って下さっているからだと思います。また施設設備に関する知識や技術、施設運営の知識等を熱心に教えて頂いたことはサンライフに入職していなければ得ることのなかった物であり、私にとって大きな財産になっています。

グループホームでの食事作り

現場第一主義を学ぶ

フレール魚崎中町
管理者
石本美智子

施設長に初めてお会いしたのは、約17年前の就職面接の時でした。ジャージ姿で「デイに行っていたので」とおっしゃられたので、優しそうな寮母長さん（相談員）だなと思ったのですが、後に統括の施設長だと知り、施設長がジャージ姿で現場に入っておられることにとても驚いたのを覚えています。

そして、その後も現場によく足を運んでくださり、職員にも気さくにお話しくださいます。人手が足りない時や大変な時には、作業着やエプロン姿で現場に入り、感染症対策で大変な時も率先して掃除や消毒作業をし、夜間の緊急時もかけつけてくださる姿に、恐縮しながらもこの施設の一員として自分も頑張りたいと思いました。

17年経った今も、現場が大変な時には休日返上で、食事作りやベランダの花や野菜のお世話をしてくださる姿は変わらず、施設長の偉大さを感じます。

グループホームでは、認知症の高齢者が家庭的な雰囲気の中、少人数で共同生活を送り、認知症状の進行を緩和させ、その人らしく活き活きと日常生活を過ごせるよう、日々取り組んでいますが、その中でも食事作りは施設長の想いが詰まったケアの一つです。作業のしやすい広めのアイランドキッチンで、現在も入居者様と共に食事作りをしています。

これからも施設長の思いを大切に、安心して活き活きと生活できるグループホームであり続けたいと思います。

自家製スイカ

福祉人としての成長

魚崎高齢者介護支援センター　通所介護
管理者
西　理恵

佐藤施設長と佐藤副本部長と初めてお会いしたのは、私が面接に行かせていただいた16年前でした。その日は雨が降っていて、まさかこんなにも駅から近い施設だとは思わず、キョロキョロしながらサンライフの前を通ると、傘を差して待ってくださっていたのが、佐藤副本部長でした。施設に入っていく私を見てすぐに温かく迎えてくださったのを今でも覚えています。

非常勤として働きだして数か月程して佐藤施設長に急に「西さん、確か介護の経験がありましたよね？介護福祉士を受けられるんじゃない？」と声を掛けてくださいました。その当時、ケアハウスが新設し、かなりの人数の面接をされていたと思いますが、入社してすぐのパートの私の名前を覚えてくださっていたことにも驚きでしたが、自分でも資格試験を受けられることに気づいていなかったのに、気にかけてくださったことがうれしく、その年の試験を受け無事介護福祉士を取得できました。またその2年後には副本部長と一緒にケアマネージャーの試験を受けさせていただき、私は一度落ちてしまいましたが、翌年無事に取得することができました。

何をやっても続かなかった私が、デイサービスの管理者にまでさせていただけているのは、何回も何十回も辞めようと思った私をずっと励ましてくださった諸先輩・上司の方がいてくださったおかげです。そして入社してすぐに施設長に自信がないことを伝えたとき、「真面目になりすぎないこと」と私の肩の荷を下ろしてくださり、見守ってくださったおかげだと感謝しています。

そう思いながらも、経営やケアについてのご指導は、経験不足の私には受け止められず、「なんでやねん!!」という思いになったことは何度もあります。ですが、いつも私の体調を気にかけ、声をかけてくださる佐藤副本部長、毎年欠かさず全職員にハンカチをプレゼントしてくださる佐藤施設長のお心遣いにこの場をお借りしてお礼申し上げます。このコロナ禍で休日出勤した際に差し入れてくださったいちごは本当にうれしくておいしくてありがたかったです。

お身体に気をつけてこれからもおいしい「自家製」のスイカを毎年いただきたいです。いつも本当にありがとうございます。

この仕事で20年

魚崎高齢者介護支援センター　通所介護主任
喜田由佳

私が新社会人として働き始めた平成12（2000）年は、ちょうど介護保険がスタートし、施設がオープンした年でした。佐藤施設長とお仕事させていただき、20年以上になります。

社会のことも、介護のことも、何も分からないまま入社した私は、施設長から本当にたくさんのことを教わりました。それは福祉のことのみならず、施設長のお好きなお料理や園芸、お裁縫など多岐にわたります。お料理や園芸などは、それ自体は介護に関係ないようですが、変化や刺激の少ない施設での生活においては、美味しいものを食べ、季節の美しい花を見ることが、生活に潤いや楽しみを与えてくれるものでもあります。そのことが、若い頃にはあまり理解できずにいた私も、年を重ねる中で、だんだんと理解ができるようになりました。

まだ若く、未熟者でありながら一部署を任された私は、利用者様や職員のことなどの様々な問題にぶつかり、思い悩んでは、施設長に相談させていただくことが多々ありました。そんな時、施設長はいつも私の話にじっくり耳を傾け、一緒に解決策を考えてくださいました。一緒に考えて出た答えは、後になって間違っていたということもありますが、その時の私にとっては最善と思えるものでした。悩みや意見を聞いてもらえるということが、仕事をする上での安心感ややりがいにも繋がっていたのだと思います。

このような私を、時には厳しく、時には優しく、時には母のように育てていただいて、心から感謝しています。

屋上菜園

施設運営を学ぶ

特別養護老人ホーム
サンライフ魚崎
生活相談員
上原優也

「この稟議書は決済しません。この物品は今まで何個購入していて、今回必要になった理由を書いて下さい。口頭では受け付けません。書面に記入して下さい」この「口頭では受け付けません。書面に記入して下さい」の言葉が佐藤副本部長の口癖です。

私は今まで介護現場で必要な物品や、設備において、介護現場で働かない人には必要性が理解できないと思っていました。そのため、「受け付けません」と言われても「何も見てくれていない。説明してもわかってくれない」等の言葉がすぐに思いつきます。思いついた言葉を表現することはありませんが、その場しのぎで発する言葉は佐藤副本部長を説得する材料としては、不十分であることを痛感します。それはなぜか。介護現場を熟知していない人に対して、介護現場の考え方と習慣が染みついている私の説明では、客観的な視点が欠けているからです。客観的な視点とは、購入物品の必要性・既存の台数（同じものを購入する場合）、代替性の有無等です。

佐藤副本部長の理解を得て、物品を購入するには常に客観的視点で説明する必要があります。そのため、介護現場のイメージが伝わるようにプレゼンテーションを行うことを意識しています。また、口頭だけでなく、書面に記入し、記録として残すことも心掛けています。口頭だけでの説明では後日、言った言わないの展開になることがありますが、書面で説明すれば、必要な理由を客観的に文書に残し、後日振り返っても必要な理由が記入されているからです。書面を見るだけでイメージが共有でき、現状が把握できるためでもあります。

佐藤副本部長の指摘には常に一貫性があります。それはコスト削減が第一という考えです。一つの物を購入するのにもコストが掛かります。客観的評価が伴わない物を買う習慣があれば、コスト意識が低くなり、無駄が多くなります。無駄をなくすことが施設運営で最も大切であると同時に、コストは必要な部分に必要な分だけ掛けることが施設運営の基本で

あると話されます。コスト削減を徹底することによって、職員への昇給や福利厚生等を充実させています。

私自身、介護職員として介護現場で働いていた期間が長く、施設運営に掛かるコストを意識したことがありませんでした。施設運営を意識し、コストについて考えると介護現場では無駄なコストが多いことに気付かされました。使用しない部屋の電気を点けたままの状況、手袋またはペーパータオルを必要以上に使用している現状等、改善すべき部分が多く、今までコストを意識せずに働いていたことを実感しています。

コスト意識に対しての指摘には厳しく感じることもありますが、無駄をなくし、安定した施設運営を行うことの大切さも併せて教えてくれます。佐藤副本部長は「施設を利用する人も施設で働く人も幸せであることが大切です」と話されます。そのためには施設運営が健全で円滑でなければなりません。コスト削減から繋がる施設運営が、後々施設を利用する人、施設で働く人の幸せに繋がることを言葉で説明し続けています。その姿勢が私自身の模範となり、私も自部署の職員に対して、「口頭では受け付けません。書面に記入して下さい」と話しています。

婦唱夫随で

特別養護老人ホーム
サンライフ魚崎
看護主任
上垣 小百合

「やらなくていいです」「私はやってもいいと思いますよ」「施設長はそうだから…ね、上垣さん」「事務長はいつもそうやって…ねぇ、上垣さん」。6年前の副本部長と施設長の会話。事務所の窓際の向かい合わせの席のお二人を目の前にして「……」。口角を一生懸命上げながら、ちょっと首をかしげて頷くしかできない入社したての私。何についての論議であったか、結果がどうであったかも定かではありませんが、このままどうなるかとハラハラドキドキした覚えが残っています。きっと、施設開設当初から、たくさんのスタッフが幾度となく目にした光景でしょう。

最近のある日、遅出業務で1階に降りたところ、給湯室から出てこられた副本部長が「上垣さん、もう6時過ぎましたよ。早く帰ってくださいよ。おつかれさま」。そのあと、学習室から出てこられた施設長、「あぁ上垣さん、今日は私一日中バタバタしてて、やっと今お話しできますね…」お話していると、正面玄関から「何やってるの施設長、もう帰りますよ。早く早く」。ニヤニヤにならないように笑顔で「おつかれさまでした」と挨拶する私。

今はコロナ禍で奔走している日々ですが、一丸となって立ち向かっていこうというお二人の強い絆は、私たちの邁進していく原動力となっています。

末永くお健やかに仲睦まじくあられることを願ってやみません。

施設を経営するということ

サンライフ魚崎
事務所　主任
吉川香代

私はサンライフ魚崎に勤めて15年になりますが、事務所で施設長・副本部長のお二人が朝から夜までお話される光景はずっと変わりません。

副本部長は、前職は一般企業に勤められていたということもあり、日頃から「介護の現場で一生懸命働いている職員も、一般企業と同じとはいかずとも、給料を少しでも近づけるようにしなければならない」とおっしゃっています。私たちが働いている福祉施設では、定員があり、介護報酬単価も決まっているため、大幅な収入増は見込めません。収入が増やせないなら支出を減らすのみです。そのため、副本部長は無駄な電気を消し回り、夏場の冷房は29度設定、使える物は修理して長く使用されるなど、職員からの批判の声もちらほらと聞こえてくることもあるほど徹底されています。これも現場で働く職員の賃金底上げのためだ…そう信じて、夏の暑さにも耐えています。

これだけ徹底するのだから、冷徹な人柄かというと、そうではありません。施設長や職員、時には外部の方にも感情的に思いを話される姿をよく見ますし、そうかと思えば、それらの方に耳を傾け目頭が熱くなっている姿を見ることも少なくありません。私自身、母が闘病し仕事を続けるか悩んだときも「吉川さんの幸せを一番に考えてください。その次にお母さん、その次に仕事のこと。まずは自分のことですよ」とおっしゃってくださいました。

施設長・副本部長のお二人を事務所という近い場所で見ていると、施設や職員のことを考えてくださっていることがよく分かります。その源は、朝から夜までの様々な報告や相談、時にはこれは夫婦喧嘩かなと思う15年の変わらない光景なのかなと思っています。

厨房調理

賞味して学ぶ

管理栄養士
田中由香

「多くのお店に行って、美味しい物を食べて下さい。色々な料理を食べて下さい。色々な所に行って、その土地の、その時期の物を食べに行って下さい」、入社1年目に施設長からかけられたお言葉です。あの頃の私は、一人暮らしで社会人1年目。生活がぎりぎりだったので、「施設長、お金がないので難しいです」と心の中でつぶやき、深い意味は考えませんでした。

現在、入社して14年目。その言葉の深い意味が少しずつですが、理解できるようになってきました。何気なく、普段、食べている野菜でも出荷元が異なれば味も違うため、購入時は考えるようになりました。旅行や外食をすれば、その土地の料理・特産物を食べるようになり、「これは○○使っているのかな」「こんな調理法もあるのか」「私、これ嫌いなのに、ここなら食べることができた」と思うようになりました。色んな野菜・ご当地物、料理に触れて、自分自身の食材に対する意識・調理の仕方・美味しい料理の提供への思いが変化したと思います。施設長のお言葉の通りだと感じました。ただ、感慨深いお言葉なのですが…さすがに一人暮らしで社会人1年目の職員にはなかなか難しいお言葉ですとお伝えしたいです（笑）。

本の出版にあたって、佐藤施設長・佐藤副本部長とのエピソードを尋ねられ、10年間を振り返ってみて、佐藤施設長とお話する際は料理に関わることが多く、近年、私の料理への関心が大きく変化したこともあり、すぐにエピソードが出てきました。しかし、佐藤副本部長とのエピソードはなかなか出てきませんでした（笑）。

副本部長とは日常的なやり取りが思い浮かびます。修理屋さんではないのに劣化している厨房機器の修理をして下さったこと。介護支援専門員の筆記試験に合格した際、誰よりも喜んで下さり、満面の笑みで握手して下さったこと。人との関わり方でフォローして下さったこと。厨房職員が誰もしなかった外窓やグリストラップの掃除等をして下さったこと。

互助会のボーリング大会で一緒のチームになり、副本部長がかなりお上手だったのに、私が下手で足を引っ張ったこと。時には、意見の相違で言いあうこともしばしば（笑）。このような日常的なことが数多く思い浮かぶということは、副本部長という立場のある人と日常的にこのように関わることができる職場を創設した佐藤施設長・佐藤副本部長は〝偉大だな〟と、思いました。

編集を通して

編者　野嶋　納美

塚口顧問のコーディネートにより、佐藤光子・恒夫夫妻の社会福祉法人の経営理念、理念の実践などをつぶさにお聞きし、改めて着実な日常の実践が重要なことを学ばさせていただいた気がいたします。

社会福祉法人の事業は非営利の事業であります。そのため、介護保険報酬や自治体からの事業委託、補助がなされるのです。これは、自治体の信頼が前提にあり、この信頼関係において社会福祉法人の事業が推進され、要介護高齢者やその家庭の生活を支援しているのです。社会福祉法人は、このように地方自治体との信頼関係を保持するとともに、何よりもサービス利用者本人、その家族から信頼されなければなりません。

社会福祉法人などの非営利の団体が進める活動や事業は関係するすべての方々との信頼関係の上に成り立っていることを、佐藤夫妻の実践は証明していると思いました。

私は、この間、体調不良などが重なり十分な貢献ができませんでしたが、丸山絵理子さんや塚口顧問の計らいにより立派な冊子にまとめることができたことを嬉しく思います。できるだけ多くの社会福祉法人経営者に読んでいただければ幸いです。

サンライフ魚崎
事務長　丸山　絵理子

地域の皆様、先生方、ボランティアの皆様の原稿を読み、サンライフ魚崎が地域の皆様に信頼されてきたのは、穏やかな施設長、活気溢れる副本部長の人柄なのだと感じます。

施設長は、時には穏やかな雰囲気から一変、鬼となり納得するまで職員に詰め寄ったり、時にはお母さんになって職員の体や生活を心配したり、時には関西おばちゃん丸出しで大きな声でしゃべりながらジャージ姿で園芸に勤しんでいます。副本部長は、すぐかっとなって怒鳴り、その自分の行動に反省し落ち込み、職員のことを思って涙し、そして麦わら帽子をかぶって園芸に勤しんでいます。今この瞬間も大根の種を蒔く話をされています。このあときっとけんかが始まると思います。とにかく騒がしく、忙しく、20年間、走り続けてこられました。

施設長は20年間、特養・介護型ケアハウス・グループホームの入居者様の看取りの時、休みでも夜中でも必ず駆け付け、職員と一緒に最後の清拭をして、ご家族に寄り添われました。職員の体調や気持ちの変化にも敏感で、一人暮らしの職員の欠勤時には家まで食料を運ぶこともあり、悩みがある職員は1時間以上時間を割いてじっくり話を聞いてもらえます。「年とってるからもう覚えられないのよ」と言いながら、日々変化するケア方法や病気、法律をいつも勉強されています。そこは本当にすごいなと尊敬できるところです。逆に、納得できないことは納得するまで、言いたいことは言い終えるまで…なので、近くにいる私は、何回も同じ話を長時間聞くはめになることがよくあります。もう少し短めにお願いします。

副本部長は裏方に徹し、異業種からの転職にもかかわらず、社会福祉法人会計の独特な決算書類を毎日見て勉強され、経営を守ってこられました。上限が決まっている収入のなかで、厳しい予算をたてられることもありますが、10年後、20年後を見据えて、そのときに困らないように今できる限りのことをする！というポリシーはずっと変わっていません。

「お世話するのではなくさせていただいているのですよ。最期の時を任されているのですよ。入居者様はみんな同じではないですよ。お一人おひとりの人生を知ってください。その人を知ればいろんな変化に気づきますよ。気づきが大切ですよ。季節を感じてもらえるしつらえ、料理を考えてください。一人では働けないですよ。一緒に働く人を思い合いなさい…」これまで施設長に言われてきた言葉です。

20年間お二人を見てきて、自分たちで考えて、行動して、新しいことを取り入れて、長年の目標である「利用者様も、職員も共に幸せである施設」をみんなで作っていきたいと思っています。

佐藤光子・佐藤恒夫　編

第二部　対談者（鼎談者）からのコメント

佐藤光子・恒夫夫妻との鼎談は２０２０年7月9日、サンライフ魚崎で行った。この鼎談時は、社会福祉法人ささゆり会の来年度以降の体制の在り方について、理事長の筆者と法人本部副本部長の佐藤恒夫さんとの間で若干の意見相違があり、鼎談の前にその話から始まったので、少しギクシャクした雰囲気になってしまった。この意見の相違は、根本の法人強化という戦略については共通の土俵に立っていたので、その戦略を生かすための戦術部分の意見相違であったと思っている。筆者と恒夫さんとの双方の頑固さに光子さんはあきれておられたように感じた。そういう雰囲気の中で鼎談は始まった。

〈婦唱夫随か夫唱婦随か〉

サンライフ魚崎グループの経営は光子さん恒夫さん二人の絶妙なコンビで進められてきている。光子さんがサンライフ魚崎の施設長に任命されたときは、恒夫さんはパナソニックモーター社（旧松下電器）の技術責任者で３００余名の部下の指導に当たっておられた。恒夫さんは、光子さんの施設長就任を機に同社を早期退職され、新米施設長を裏で支える決心をされた。おそらく、恒夫さんの所得は何分の一かに減少したであろうし、恒夫さんからすればまったく馴染みのなかった異業分野での仕事であった。

ここで面白いのは、施設長に任命された光子さんは主婦業の傍ら、地域の子供文庫の運営などのボランティア活動をしておられた。介護福祉分野の施設長といった重い責任の仕事を引き受けられた覚悟も相当なものと思われるし、その光子さんを支えるため早期退職された恒夫さんの決断も見上げたものだと思う。

この二人の関係を婦唱夫随などと称しては失礼千万である。それぞれが熟慮し決断された結果が今の姿であると思う。その後が大変であったと想像する。そこには他人には見えぬ学習と努力があったことは想像に難くない。この分野は役所から要求される文書が多い。会計規則も複雑「怪奇」である。要求する役所の係員もわかっていないのではないかと思う。ただ、役所側は厚労省が示したマニュアル通りに要求しているのであろうが、受ける側の苦労は大変である。だが二人は黙々と対応してきた。筆者などは到底できないことである。

社会福祉法人会計準則は、なぜこんなに複雑にするのか理解に苦しむ。特に、公益法人の会計準則の中でもダントツに難しくしているように思える。

恒夫さんは国立名古屋工大の出身である。この難関大学を岡山の田舎高校（失礼の段ご容赦）出身者が合格するにはよほどの秀才でないと不可能である。その恒夫さんからすれば、この程度の会計準則はたやすく理解できることなのかもしれない。社会福祉法人ささゆり会にとっては得難い人材である。

〈地域に密着した経営を〉

筆者は、社会福祉法人ささゆり会の理事長であった期間、魚崎グループの様々な行事に臨席させていただいた。それらの行事には、地元の民生委員、自治会関係者、ボランティアの方々を招き、サービス利用者の皆さんと一緒になって楽しむ。臨席されている方々は、単なるお客様というのではなく、自分たちもこれら事業所の運営の一端を担っているという気持ちがあるように感じる。ともかく雰囲気がすこぶる良い。この雰囲気は一夕一朝に醸し出すことはできない。設立から今日までの光子・恒夫夫妻を中心とした職員集団の努力の成果であろう。

〈堅実な経営を〉

佐藤夫妻が魚崎グループの経営に一番心を砕いておられるのが、堅実な経営を継続することではないかと思う。

光子さんが鼎談の中で強調された施設経営のガバナンスについて、第一には経営の透明性の保持ということ。地域にも職員にも、何も隠さずオープンにしていく経営、この実践を心がけておられること。第二に、先のことにも深くかかわる、地域に開かれた経営ということを最も心がけている、と強調された。特に、第二に関しては、多くのボランティアの受け入れ、実習学生の受け入れを積極的に進めるなどされている。このことは、施設外部の空気を取り入れ、その新しい空気を利用者と共有することで施設が一般社会との結びつきを強くしようとしていると思える。利用者にも職員にも刺激になる良い試みではなかろうか。ボランティアや実習学生の受け入れは施設側にとっては面倒な仕事の一つである。それを前向きにとらえ施設経営の糧にしていく姿勢は見上げたものである。

施設の健全経営とは、社会に開かれた環境を作り、その一方で間違いなく正確に実務を処理するこの両方の統合ではなかろうか。

佐藤夫妻の日常の仕事の様子は、丸山絵理子さんの第一部佐藤夫妻へのメッセージ内に端的にしかも生き生きと表現されている。こんなコンビで仕事ができることは幸せなことである。

筆者は、社会福祉をけん引する人物Ｎｏ．１からＮｏ．５まで対談、時には鼎談のコーディネイターを務めてきたが、登場された方々からは大いなる刺激を受けてきた。登場人物は特段有名人ではないが、仕事についての信念と情熱は素晴らしい。社会福祉業界や介護福祉業界に、こんなに素晴らしい方々が関わっておられる、このことを改めて認識させられた。

このコメントは、筆者の主観も大きく入っているので、コメントされた当人からすれば、はなはだ迷惑かもしれないがお許しいただきたい。

社会福祉・介護福祉は、そこにどんな人物が関わっているかで大いに違ってくる。この分野を管理監督する役所も今後とも素敵な人物が関与し、参加してくれるような条件を創っていくことに知と財を注ぎ込んでほしいと切に願う。

【登場人物のプロフィール】

編著者

塚口伍喜夫（つかぐち　いきお）

昭和12年10月　兵庫県生まれ
昭和33年3月　中部社会事業短期大学卒
昭和33年4月　日本福祉大学編入学
昭和33年8月　同上中途退学
昭和33年9月　兵庫県社会福祉協議会入職
　　　　　　その後、社会福祉部長、総務部長、事務局長、兵庫県社会福祉協議会理事、兵庫県共同募金会副会長を歴任
平成11年4月　九州保健福祉大学助教授・教授・同大学院教授
平成17年4月　流通科学大学教授・社会福祉学科長
平成25年10月　ＮＰＯ法人福祉サービス経営調査会理事長、その後顧問
平成26年10月　社会福祉法人ささゆり会理事長、その後顧問、現在に至る

登場者

城　純一（じょう　じゅんいち）

昭和11年10月　兵庫県神戸市生まれ
昭和33年3月　関西学院大学卒
昭和36〜38年　アメリカペンシルベニア大学で国際関係論履修
昭和42年　　ベル青谷施設長
平成2年　　社会福祉法人神戸婦人同情会理事長
昭和56年〜平成22年　日本福祉施設士会理事、副会長を歴任
現職　社会福祉法人神戸婦人同情会理事長

社会福祉法人恵泉寮理事長
兵庫県社会福祉法人経営者協議会監事
全国母子生活支援施設協議会近畿ブロック副会長
社会福祉法人神戸市社会福祉協議会監事
社会福祉法人神戸市灘区社会福祉法人理事
特定非営利活動法人スペシャルオリンピックス日本兵庫理事
芦屋観光協会会長
芦屋市霊園協力会会長

城　邦子（じょう　くにこ）

昭和14年9月　兵庫県神戸市生まれ
昭和37年3月　聖心女子大学卒
昭和41年4月　社会福祉法人神戸婦人同情会入職
　以降理事・常務理事
令和3年4月　社会福祉法人神戸婦人同情会常務執行理事、現在に至る

出版企画者・登場者

笹山　周作（ささやま しゅうさく）

昭和27年1月　兵庫県生まれ
　龍谷大学法学部卒
　司法書士資格取得
　富士株式会社代表取締役を経て
平成7年12月　社会福祉法人ささゆり会を設立
平成8年10月　特別養護老人ホーム　サンライフ御立施設長

平成12年　さくらケアサービス株式会社を設立、現在に至る
現在　社会福祉法人ささゆり会副理事長・法人本部長、その後理事長
平成25年　ＮＰＯ法人福祉サービス経営調査会設立に参加、現在理事長

笹山　勝則（ささやま かつのり）
昭和29年3月　兵庫県生まれ
昭和51年3月　関西学院大学商学部卒
昭和52年11月　公認会計士資格取得
　プライスウォーターハウス勤務
平成5年1月　青山監査法人代表社員に就任
平成12年7月　中央監査法人との合併により中央青山監査法人代表社員となる
平成18年9月　あらた監査法人代表社員
平成26年6月　あらた監査法人を定年退職する

出版企画者
野嶋　納美（のじま なつみ）
昭和13年6月　鳥取県生まれ
昭和36年3月　国立埼玉大学経済短期大学部卒業
昭和39年4月　兵庫県職員
　民生部北但福祉事務所長、障害福祉課長
　兵庫県社会福祉事業団常務理事等を歴任
平成11年4月　日本赤十字社兵庫県支部血液センター事務部長
平成15年4月　社会福祉法人のじぎく福祉会事務局長
平成25年10月　ＮＰＯ法人福祉サービス経営調査会事務局長・常務理事、副理事長

平成28年6月　社会福祉法人ささゆり会評議員、その後理事現在に至る

西川　全彦（にしかわ まさひこ）

昭和20年2月　兵庫県生まれ
昭和44年3月　関西学院大学商学部卒業
昭和49年4月　財団法人白鳥保育園入職、その後、白鳥南保育園施設長
平成18年　社会福祉法人白鳥会理事長、現在に至る。
昭和59年～平成12年　社団法人姫路保育協会会長
　この間、姫路市社会福祉審議会委員、姫路市社会福祉協議会理事
昭和63年～平成8年　社団法人兵庫県保育協会会長
　この間、兵庫県社会福祉審議会委員、兵庫県社会福祉協議会理事
平成2年12月3日　天皇・皇后両陛下御主催お茶会に招待される。

西川八寿子（にしかわ やすこ）

昭和24年1月　兵庫県生まれ
昭和44年3月　保育士養成学校卒業
昭和44年4月　財団法人白鳥保育園入職、その後保育士資格を取得
昭和55年4月　社会福祉法人姫路青山福祉会青山保育園施設長、
　その後、社会福祉法人白鳥会専務理事、現在に至る。

岸本　敦（きしもと あつし）

社会福祉法人千種会ＣＥＯ
昭和31年7月3日　兵庫県宍粟市（当時、宍粟郡）千種町生まれ
昭和57年3月　近畿大学商経学部経営学科卒業

平成11年3月　姫路獨協大学大学院経済情報研究科修士課程修了
平成2年9月　社会福祉法人千種会　特別養護老人ホームちくさの郷事務長
平成3年8月　同施設長
平成8年7月　社会福祉法人千種会 特別養護老人ホームおおぎの郷施設長
平成12年8月　社会福祉法人六甲福祉会 特別養護老人ホーム岩岡の郷施設長
平成14年4月　社会福祉法人千種会　特別養護老人ホームおおぎの郷施設長
平成25年6月　社会福祉法人千種会ＣＥＯ
―現在に至る―
平成3年8月　社会福祉法人千種会理事（～平成11年3月）
平成4年4月　西播磨老人福祉施設連盟研究委員（～平成8年6月30日）
平成6年4月　日本社会保障法学会会員、現在に至る
平成11年3月　社会福祉法人六甲福祉会副理事長、現在に至る

森脇　恵美（もりわき えみ）
社会福祉法人千種会　経営管理本部長
昭和45年4月17日　兵庫県宍粟市（当時、宍粟郡）千種町生まれ
平成2年3月　華頂短期大学　社会福祉学部　児童福祉学科卒業
平成2年4月　社会福祉法人千種会　ちくさの郷入職
平成12年8月　社会福祉法人六甲福祉会の開設にあたり異動
平成30年7月　現職に従事

佐藤　光子（さとう みつこ）
昭和45年3月　ノートルダム大学文学部卒業
昭和45年4月　神戸海星女子学院　教諭

昭和55年4月　結婚後専業主婦として、ＰＴＡ役員、自治会活動、地域子ども文庫活動などに参加
平成10年1月　サンライフ魚崎開所にあたり、福祉の勉強、実習を始める
平成12年4月　サンライフ魚崎施設長就任・介護支援専門員
小規模特養・ショートステイ・デイサービス・地域密着型グループホーム・地域包括支援センター・居宅介護支援事業所・介護型ケアハウスを地域に根差した高齢者介護の拠点として運営している

佐藤　恒夫（さとう　つねお）

昭和21年11月　岡山県生まれ
昭和46年3月　名古屋工業大学大学院電気工学専攻修了
昭和46年4月　松下電器産業株式会社入社
主としてモータ研究開発に従事
平成14年1月　社会福祉法人ささゆり会入職
入職後、社会福祉主事・介護支援専門員資格取得
令和3年6月　社会福祉法人ささゆり会法人本部長代理

シリーズ編集関係者

辻尾　朋子（つじお　ともこ）

昭和56年9月　京都府に生まれる
平成16年3月　九州保健福祉大学社会福祉学部卒業
平成16年4月　社会福祉法人千種会・特養岩岡の郷入職
平成21年4月　流通科学大学 社会福祉実習助手
平成28年3月　日本福祉大学大学院社会福祉学研究科修了・社会福祉学修士
社会福祉士、介護福祉士、精神保健福祉士資格取得

笹山　博司（ささやま ひろし）

昭和58年9月　兵庫県に生まれる
平成19年3月　京都産業大学工学部卒
平成21年3月　京都府立医科大学大学院修士課程修了
平成25年3月　同上大学院医学研究科博士課程終了・医学博士
平成25年4月　社会福祉法人ささゆり会入職
平成29年4月　社会福祉法人ささゆり会法人本部副本部長
令和3年6月　社会福祉法人ささゆり会副理事長・法人本部長

丸山絵理子（まるやま えりこ）

平成12年4月　社会福祉法人ささゆり会　サンライフ魚崎入社
平成16年4月　サンライフ魚崎事務所主任
　社会福祉主事取得
平成29年4月　サンライフ魚崎副施設長
令和元年11月　サンライフ魚崎事務長

兵庫県社会福祉の先達から何を学ぶか

2021年11月30日　初版第1刷発行

■編 著 者――塚口伍喜夫
■発 行 者――佐藤　守
■発 行 所――株式会社 大学教育出版
〒700-0953　岡山市南区西市855-4
電話（086）244-1268　FAX（086）246-0294
■印刷製本――モリモト印刷㈱

ISBN978－4－86692－161－7